ワークマンはなぜ2倍売れたのか

商品を変えずに売り方を変えただけで

はじめに

ワークマンとは何者か

アパレル界に革命
作業服専門店が一夜でアウトドアショップに

「企業には歴史がある。歴史にはスタートがある。往々にして、企業の個性はどういうスタートを切ったかによって作られる」

1989年。昭和の終わりに、こんな書き出しで始まる一片の文書が編まれた。タイトルは「ワークマンものがたり」。作業服専門店として知られるワークマンが100店舗達成を記念し、この先「500店舗、1000店舗と発展して行ったときにも創業時の精神を振り返るひとつの記録」となるようにまとめたという、門外不出の社内報である。

当時から30年が過ぎた。平成が終わり、令和が幕を開けた。ワークマンの国内店舗数は500どころか、2020年5月末で869まで拡大。あのユニクロを抜き去り、1000店舗体制も視野に入った。店舗数だけではない。売上高を見ると、その急成長ぶりは抜き

2018年9月に誕生した新業態「ワークマンプラス」の1号店。売り場の見せ方を変えるだけで、アウトドアショップに変貌した

んでている。強烈な逆風が吹いていたにもかかわらずである。

19年10月、消費税率が8%から10%に引き上げられた。ワークマンは真っ先に「価格据え置き」を宣言し、実質値下げに動いた。既存店売上高は20年3月まで17カ月連続で前年比2桁成長を継続。20年3月期のチェーン全店売上高は１２２０億円と、創業以来、初めて１０００億円の大台に乗った。新型コロナウイルスが列島を直撃し、アパレル企業が総崩れとなる中、ワークマンだけは順調に収益を積み上げている。なぜ、ワークマンは強いのか。それは、ファンの期待を決して裏切らない経営にある。

「行こうみんなで ワークマン」の時代

ワークマンと聞いて、何を思い浮かべるだろうか。歌手・吉幾三を起用したテレビCMを挙げる人は、意外に多いかもしれない。家族のために働く男（＝ワークマン）の日常を、情感たっぷりに歌い上げたCMソングは、世のお父さんの心を打った。

「お前とあの時　出逢ったあの日　季節は春先　ちっちゃな町で　広がる未来と　夢にあこがれて　汗拭き　川沿い　ひとり走ってた　この町で暮らそう　君が住む町で　行こうみんなで　『ワークマン』」

「どしゃ降り　晴れの日　人生の天気　なんとかなるさと　十年たった　子供の寝顔に　夢が溢れてる　泪（なみだ）を拭く時　パパがそばに居る　この町で暮らそう　家族住む町で　行こうみんなで　『ワークマン』」

「愛する家族と　酒飲み友人（とも）と　明日を語れば　更け行く夜も　ふるさと話に　子供の頃を　想えば少しは　がんばれるはずサ　この町で暮らそう　みんな住む町で　行こうみんなで　『ワークマン』」

ワークマンの名を世に知らしめたテレビCM。吉幾三（写真中央）は1987年9月から実に30年近くにわたって「ワークマンの顔」として出演を続けた

雨にも負けず、風にも負けず、来る日も来る日も現場に出続ける職人にとって、安くて丈夫なワークマンの作業服は、人生のよきパートナーであり続けた。

そのワークマンが、装いを新たにしたのは2年前だった。18年9月5日。東京都立川市のショッピングモール「ららぽーと立川立飛」に、新業態「ワークマンプラス」を出店した。それは、日本のアパレル史上に残る革命だった。**作業服専門店が一夜にして、アウトドアショップへと変貌を遂げたのだから。**マネキンやポップを多用した店構えは「本当にあのワークマンなのか」と目を疑うほど洗練されていた。これまでワークマンに見向きもしなかった一般客が、初めてワークマンという存在を「発見」した瞬間だった。

ここから、ワークマンは怒濤《どとう》の進撃を始める。店先には連日、入店制限をかけるほどの行列が延び、初年度売り上げ目標をわずか3カ月で達成した。それだけではない。ワークマンプラスが広告塔となり、既存のワークマンにも新規客がなだれ込んだ。19年8月には既存店売上高が前年比154・7%と驚異的な伸びを刻み、その後も勢いは衰えない。「歴史が変わった」。古参社員が、思わずそううなるほどのうねりが列島中を駆け抜けた。

ワークマンプラスを見たとき、誰もがこう思っただろう。ワークマンが、カジュアルウエアの新ブランドを開発した。ワークマンプラスという全く新しい店をオープンしたのだと。実際に、あまりのイメチェンぶりに、昔からのファンは衝撃を受けた。「悲報！俺たちのワークマンはどこに行った」というつぶやきがネット上に飛び交った。しかし、そうではなかった。**並んでいる商品は、すべて既存のワークマンで扱っているアイテムだった。**

そう、これは壮大な実験だったのだ。ワークマンプラスは、ワークマンが扱う1700アイテムに及ぶ膨大な商品群から、アウトドアウエアやスポーツウエア、レインスーツなど、一般受けするだろうと見た320アイテムを切り出したにすぎない。そのうえで、マネキンや什器を入れ、照明や内外装、陳列方法を思い切って変えた。つまり、ワークマンとワ

作業服や安全靴などをぎっしりと並べた、ザ・職人向けの店づくり。実は、街着としても使えるデザインの高機能ウエアを少しずつ増やしていた

従来のワークマンからカジュアルウエアを切り出した新業態店。内外装やロゴ、陳列方法を刷新し、マネキンを入れるなどアウトドアショップ化を試みた

ークマンプラスは同じ商品を扱う〝同一店〟だったのだ。

しかし、それだけで売り上げは爆発した。ワークマンプラスの売上高は、既存店平均の2倍に急伸。まさに**商品を変えずに売り方を変えただけで2倍売れた**のだ。男性の職人中心だった客層は一変し、今やショッピングモール内のワークマンプラスは、女性客が半数を超える。「ワークマン女子」という言葉まで生まれ、SNSでは「#ワークマン」をつけたつぶやきが日々増殖している。

19年には、モーニング娘。が全身ワークマンコーデに変身し、新曲「人生Blues」のミュージックビデオを撮影した。

「人生って なんとも無理な場面から なんとかするから なんとかなる」。サビでそう歌う曲は、吉幾三とは別の意味で人生の応援歌として胸に迫って来るものがある。9代目リーダーの譜久村聖は自身のブログでこうつづった。「ワークマン＝作業着は、もう違うみたいですよ！」。おじさんから、アイドル、ファミリーまで、まさに「行こうみんなで『ワークマン』」という世界が、本当に押し寄せたのだ。

新型コロナウイルスが猛威を振るい、見えない脅威に世界は翻弄されている。不透明な時代だからこそ、我々が今、ワークマンから学ぶことは多い。なぜなら、ワークマンは、このワークマンプラス誕生のはるか前から、時代を先読みし、進化を重ねてきたからだ。

16坪、14坪で実験を重ね、3号店で「標準化」

ワークマンは1980年9月30日、群馬県伊勢崎市昭和町に「職人の店・ワークマン」として産声を上げた。店名の通り、ザ・作業服の専門店である。1号店は、わずか16坪（53平方メートル）の極小店舗だった。商品が思うように集まらず、作業ズボンに、肌着、靴、軍手、軍足で厚みをつけた程度。作業服専門店をうたうにはかなり不十分で、流通関係者から、品ぞろえの貧弱ぶりを、よくからかわれたという。いざ仕入れを要請しても、「そのような商品はない」と門前払いを受けることはしょっちゅうだった。

その半年後、群馬県大間々町（現在のみどり市）に開業した2号店は、1号店以上に極小だった。普通の住宅を改装した14坪（46平方メートル）の売り場。節約、節約でスタートし、品ぞろえには悪戦苦闘したものの、幸い売れ行きだけは好調だった。82年4月、ワークマンは満を持して埼玉県深谷市に40坪（132平方メートル）の店を出し、埼玉に進出する。驚くべきは、この3号店から100店舗チェーンになることを見越し、店のサイズや棚割りまでこと細かくマニュアル化する「店舗の標準化」に踏み切っていたのだ。

「1、2号店とも非常にいい業績を上げていた。しかし、1号店では業績はともかくとしてまだ商品管理などのノウハウがつかめず、先が読み切れないところがあった。2号店をオープンさせ、1号店で学んだものを実施してみてうまく軌道に乗った。これでいけるな、という自信がついた。3号店まで、時間がかかったのは、標準化するために準備を進めていたからだ」

ワークマンの創業者である土屋嘉雄氏（2019年9月まで会長を歴任）は「ワークマンものがたり」の中で、当時をこう振り返っている。つまり、このときから、店を出すた

「職人の店」を掲げてオープンしたワークマンの1号店。16坪の極小店舗で、当時はロゴも青と赤がイメージカラーだった

びに、実験を重ねていた。ワークマンプラスと同じ手法を、当時から実践していたのだ。

1、2号店は経営委託方式で出店し、3号店で今に続くフランチャイズ（ＦＣ）システムを導入した。米国の流通制度を視察し、ＦＣシステムこそが今後の小売業界の主流になると読んだからだ。

「小売業は地域密着が大原則。したがって、地域のことを最もよく知っている地元の人が運営していくのが、一番いい。地元の人が持つ地域密着のノウハウと、ワークマンの持つ経営ノウハウが一体となるシステムが、ＦＣシステム。小売業の理想的なシステムといっても過言ではな

い」（土屋氏）
現在、ワークマンの店舗の95％以上はＦＣで成り立っている。その礎は40年近く前に完成していたことになる。

始まりは、スタートアップのように

ワークマンの源流は、１９５９年、群馬県伊勢崎市に創業した「いせや」という衣料品専門店にある。この名前にピンと来る人は少ないかもしれないが、このいせやこそ、現在のベイシアグループの前身である。

ベイシアグループは、スーパーマーケット「ベイシア」を筆頭に、ホームセンターの「カインズ」、そしてワークマン、コンビニエンスストア運営の「セーブオン」、家電量販店の「ベイシア電器」、カー用品店の「オートアールズ」という物販チェーン6社を中心に計28社で構成する。その総売上高は９４３５億円（２０２０年2月末時点）と、1兆円が目前に迫る一大流通企業グループだ。これを一代で築き上げたのが、土屋氏である。特筆すべきは、創業以来、吸収や合併を一切せずにここまで成長してきた点にある。

ワークマンは、そのいせやの新規事業として、まさにスタートアップのように立ち上がった。きっかけは、関西に大繁盛しているワーキングウエアの専門店があるらしい、という情報を聞きつけたこと。土屋氏はすぐさま営業部長に調査を命じ、第2陣、3陣と視察チームを送り込んだ。1980年6月28日、新業態に向けたプロジェクトが立ち上がり、その3カ月後には1号店の開設に踏み切った。

「創業の地」に選んだのは、いせやの地元伊勢崎市。ネーミングは当時の販売本部長が考えた。自信があったため、複数候補がある中で一番上にワークマンと書き、決裁をもらいに行った。この作戦が功を奏したのか、土屋氏も「これがいい」と即決したという。

「働く人、職人だから、ワークマンがいいんじゃないかと、案外簡単に決めた。響きから言うと、衣料品の名前には『ン』がつくのが多い。私は、化学繊維の素材名を頭に思い浮かべた。『レイヨン』『テトロン』『ナイロン』など。いせやは衣料品からスタートしているので、衣料品の名前は聞きなれているし、覚えやすい」(土屋氏)

ちなみに名づけ親となった販売本部長は、薬の名前を連想したという。

「薬で売れている商品は『ン』がつくのが多い。『アリナミン』『パンビタン』『パンシロン』『リポビタン』……『ワークマン』もそうだったのでいいなと気に入った」

とにもかくにも口にしたときの響きが決め手となり、ワークマンは船出した。2年後の82年8月19日には「株式会社ワークマン」として、いせや初の分社、独立企業となる。このとき、土屋氏はこう語っている。

「経営者の育成ということが、第一の目的。それには分社して経営を任せていくほうがいい。いせやも、これから大きくなっていくためには、経営者を育てていかなければならない。人を育てるにあたって、松下幸之助氏も言っているが、1000億円の企業を経営できる人材を育てるのは難しいが100億円の企業を経営できる人を10人育てることはあまり難しくない。いせやも積極的に分社化し、経営者を育てていく時期に入ったと考えた」

新会社設立から3カ月後、埼玉県寄居町に10号店がオープンした。と同時に、店舗面積を60坪（198平方メートル）にスケールアップした。「小売業の場合は、常識的に考えた大きさよりも、一段大きくしたほうがいい結果を出す。これは、これまでの私の経験から言える。これに対してフードサービスの場合は、一段小さくしたほうがいい」（土屋氏）。

やはり、経験に基づいて、試行錯誤を重ねていたのだ。83年7月には月商1億円を達成する。ところが、順風満帆に見えた84年4月1日、土屋氏はあっさりと代表権のない会長になり、児島尉公氏が社長に就任する。「経営者育成」を有言実行すると同時に、本部ビ

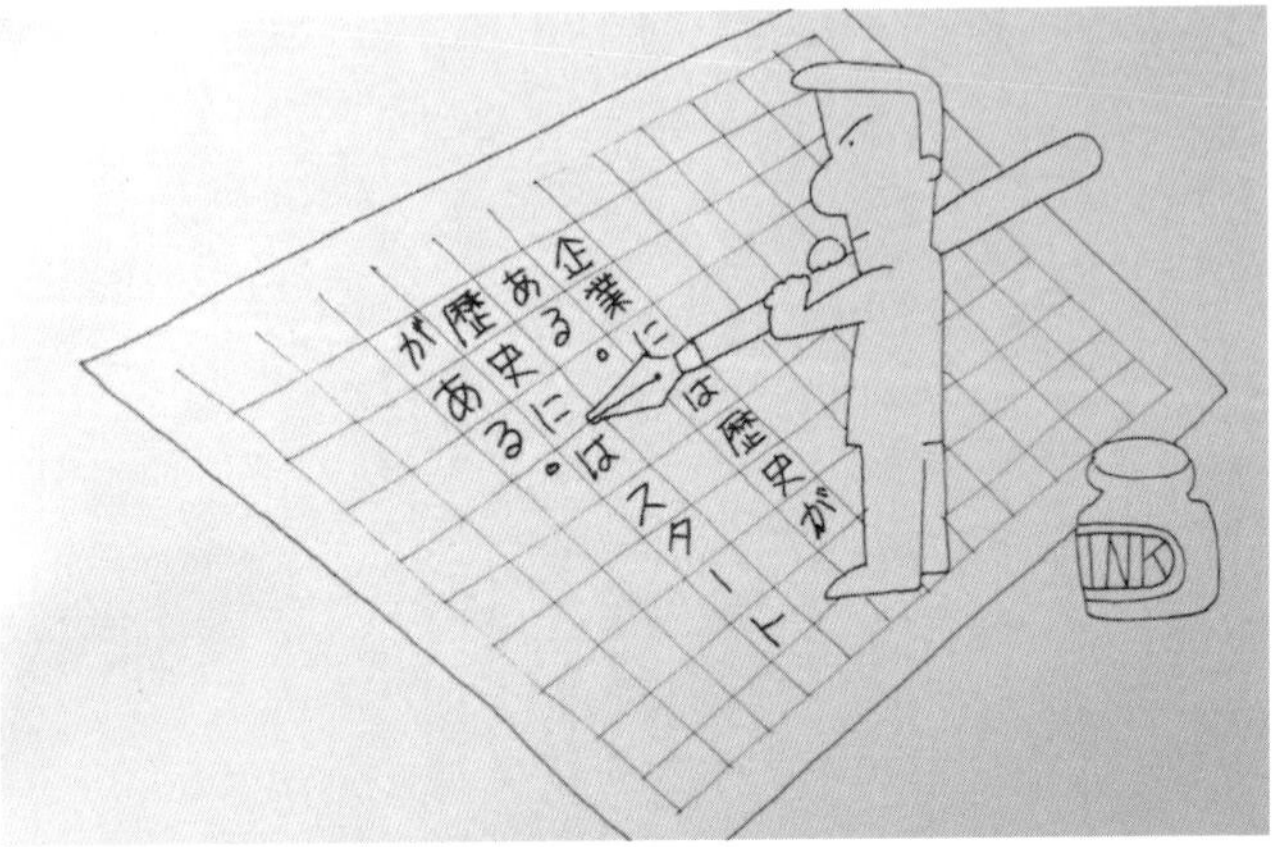

「ワークマンものがたり」の挿絵から

ルの建設に着手した。いせやの傘を外れ、ワークマンは完全に独自の歴史を歩み始めた。

「私はまだ、時期尚早ではないかとずいぶんためらった。しかし、土屋会長から『いせやの中に間借りをしていたのでは結局、いつまで立っても自主独立の精神が育たない。自分の本部を持つことが取引先やオーナー、パートナーへの信用力を高めることになり、発展のベースになるのだから』と説得され、建設に踏み切った」と児島氏は述懐する。

84年3月にはワークマン専任のバイヤーが誕生し、独自の仕入れルートを確立した。結果的に本社ビルの建設で信用力が増し、加盟店のオーナーからも「この事業に命を懸けている」ことが伝わったという。FC展開は軌道に乗り、1号店開設から7年半後の88年3月25日、山形県酒田市への出店で100店舗を達成。押しも押されもせぬ、業界のリーディングカンパニーになっていた。

「企業には歴史がある。歴史にはスタートがある。往々にして、企業の個性はどういうスタートを切ったかによって作られる」

この書き出しに照らせば、ワークマンは極めて戦略的に事業を立ち上げ、時代を読んで着実に手を打ち、ファンを広げてきたことが分かる。それは、バブル崩壊も平成不況も物ともせず、一切の企業再編を伴わず、独立経営で成長してきたことで証明されている。

だからこそ、この会社には、激動の時代を生き抜くヒントが詰まっている。2020年、ワークマンは創業40周年を迎えた。円熟期に差し掛かってなお、ワークマンから飛び出るアイデアはスタートアップのように生き生きとしている。創業の精神を受け継ぎ、あっと驚く手法で、ワークマンを時代の最先端に押し上げた男がいる。そう、彼こそがワークマンを変えた男。「ワークマンものがたり」の続きを、次章以降で、ひもといていきたい。

目次

第1章

ワークマンを変えた男

「ユニクロ、ニトリを目指せ」

「何もしなくていいから、そろそろ卒業するのなら、うちに来てくれないか。ワークマンはいい会社だから、そんなに張り切ってこなくていいから」

2012年4月、土屋嘉雄会長（当時）が常勤顧問として直々に招き入れた男が、ワークマンを成長企業へと変貌させた。男の名は、土屋哲雄（現ワークマン専務、以下土屋氏）。嘉雄会長の甥に当たり、同年6月の株主総会を経て、常務取締役情報システム部・ロジスティクス部担当に就任した。いわゆるCIO（最高情報責任者）的なポジションだ。

「張り切ろうと思ったら『何もしなくていいよ』と言われたので、相当肩の力を抜いた。ちょっと肩慣らしでやるか、という感じで入ったから、かえってよかったんですけどね」

ワークマンを成長企業へと変えた土屋哲雄氏。2019年6月から専務として情報システム部・ロジスティクス部に加え、開発本部も統括する

来し方をそう振り返り、豪快に笑う土屋氏は、絵に描いたようなエリート街道を突き進んできた。東京大学経済学部を卒業後、1975年に大手商社の三井物産に入社。以来、商社マンとして世界を飛び回りながら、スタートアップや新規事業を次々と起こし、定年まで全うした。その働きぶりは奔放そのものだった。

「誰からも仕事を引き継がなかったし、引き継ぎ書も書かなかった。まあ、三井物産というのは本当にいい会社で、当時はマニュアルに書いてある仕事はやらなくてもよかった。だから、属人的な仕事しかしないと宣言して、自由にやらせてもらった」（土屋氏）

2年間はあえて雌伏

そんな異端児が、嘉雄氏の一言で一念発起した。60歳からの第2の人生をワークマンに捧げることにしたのだ。

「私が生まれてから小学校に入るぐらいまで、嘉雄会長はうちの家にいたんですよ。私はそれこそストーカーのように、後を追って遊んでもらおうとしていたみたいで。（嘉雄氏が）起業してベイシアをつくって家を出てから、急に火が消えたように寂しくなったのは覚えている。遊んでくれる人がいなくて。魅力的な人だったから追っかけたんでしょう。子供なりにね」

その憧れの嘉雄氏から、ぜひ来てくれないかと頼み込まれた。なぜか。土屋氏は、自分なりにその意図を解釈した。「商社のときのように、なんでも事業をちょこちょこやって、100億、200億の売り上げをつくっても、会長からしたらうれしくないですから。だから『何もしなくていい』『とりあえずITでもやっとけ』というのが本音かな、と」。

嘉雄氏の言葉を忠実に守り、土屋氏は入社後の2年間、とにかく目立たないように心がけた。ＣＩＯとして需要予測のシステムや、サプライチェーンなど、地味ながらも重要なインフラの構築に時間を割いたのだ（60ページ）。「あとは、当社の優秀な若手と加盟店をぶらぶら回って、若手の話を聞く。それで2年間、雌伏していた」と土屋氏は笑った。

ワークマンは「頑張っちゃいけない会社」

ワークマンに来て、土屋氏は、久しぶりに心身共にゆったりとした日々を過ごした。なにせ、「何もしなくていい」というお墨付きまで得ていた。商社時代のように残業に残業を重ねることもない。むしろ「残業するぐらいなら明日に残そう」という社風だった。気の向くままに社内を回り、時間があれば社員と語り合った。確信したのは、嘉雄氏が言った通り、ワークマンが本当にいい会社だということ。しかも、商社とは全く真逆の哲学で回っていることに感心した。

「すべてをマニュアル化して、誰でも運営できるシステムが確立されていた。だから誰にでも引き継げるし、あまり頑張らなくても成果を出せる。マニュアルにない仕事ばかりをしていた私とは正反対。商社では、頑張る仕事を30年以上やってきたが、ワークマンというのは頑張らない会社だ。頑張っちゃいけない会社だと。だから2年間、遊んでいてよかったんですよ」

ワークマンだけではない。スーパーマーケットの「ベイシア」、ホームセンターの「カインズ」を含め、嘉雄氏が一代で築いたベイシアグループは、効率経営を貫き、企業再編を一切伴わずに順調に業績を伸ばしてきた。「普通に考えて、グループのほぼすべての会社が優良企業なんて、すごいことですよ。そのＤＮＡは、オペレーションエクセレンシー（＝店舗運営能力が優れている）にあると思った。運営力を伸ばし、店を標準化する、マニュアル化する、余計なことはしない。例外はつくらない」（土屋氏）。

ワークマンが作業服という一本鎗で、全国津々浦々に店舗網を広げられたのも、オペレーションが優れていたからだ。店の大半がフランチャイズ契約で成り立っており、店のサイズも棚割りも、並べる商品もすべてマニュアルでこと細かく決められていた。その徹底ぶりは、コンビニエンスストアを凌駕《りょうが》していた。

「セブン－イレブンは店内で３０００ＳＫＵ（品目）の商品を扱っているが、本部は６０００ＳＫＵぐらい持っていて選択の余地が大きい。以前は定価販売が原則だったが、最近はレジ前に特売コーナーを設けるなど、値引き販売が容認されている」（土屋氏）。一方のワークマンは本部が持っている商品は、ほぼすべて店に並べる方針だ。昔から定価販売を掲げ、値引きを一切せずに、売り切っていた。「ワークマンはもしかして、店の標準化が日本一進んでいる小売りなのではないか」。商社マンとして数々の企業を見てきた土屋氏がそううなるほど、超効率経営を実践していたのだ。

しかし、同時にこのままでいいのかと感じた。「オペレーションが強くても、仕入れ品を安く売るだけでは、ブランド力はつかない。やはり製品までやらないと駄目なんじゃないか」。土屋氏の頭に浮かんだのは、ユニクロ、ニトリである。ＰＢ（プライベートブランド）を自社で開発するＳＰＡ（製造小売り）にならないと、ワークマンはこれ以上成長することは難しい。このままでは1000店舗、年商1000億円が関の山だとそろばんをはじいた。

「嘉雄会長がめちゃめちゃ優秀な人だったから、ワークマンはいい意味で前例を徹底しすぎていた。時代が変わり始めているのだから、会社も時代に合わせて変えていかないといけない。しかし、『この次どうするの』と社員に聞いても、誰も明確な回答は口にしなかったし、それを探っているふうにも見えなかった」。ただ一人、栗山清治社長（当時）だけは危機感を持ち、客層拡大という目標を胸に秘めていたという。

2014年、ワークマンは大きな一歩を踏み出す。土屋氏が中心となって「中期業態変革ビジョン」という名の3箇条を社内外に宣言したのだ。

1）社員1人当たりの時価総額を上場小売企業でナンバーワンに

2）新業態の開発

①「客層拡大」で新業態へ向かう

②「データ経営」で新業態を運営する準備をする

3）5年で社員年収を100万円ベースアップ

作業服専門店として歩んで34年、初めて「新業態」という言葉を明記した。土屋氏いわく、「時価総額などは株主用に書いただけ。実際に目指したのは、客層拡大とデータ経営。客層拡大で新業態に進み、データ経営で新業態を運営する。ワークマンは、店を運営するのは得意なので、新業態が1店舗、2店舗でもうまくいったら、あとは栗山社長に任せれば、完璧に広げてくれる自信があった。オペレーションエクセレンシーの会社からユニクロ、ニトリになる」。高い目標をあえて掲げたのだ。

このビジョン策定で生きたのは、商社の経験だった。実は土屋氏が三井物産の経営企画室にいたとき、評論家の寺島実郎氏も三井物産戦略研究所の所長を務めていた。土屋氏は、寺島氏の「長期業態変革ビジョン」の策定を手伝っていたのだ。

長期とは、文字通りの長期である。「寺島さんは思想家だから、100年単位で物事を考える。19世紀はこういう時代で、20世紀はこういう時代で、21世紀はこうなると提言する。19世紀から始まる会社の文書なんて、たぶん他にない。でも、当たっているんですよ、これが。私は100年も生きていないから、せいぜい5年、10年先ということで、『中期』業態変革ビジョンにしたんです」（土屋氏）。

計画ではなく、ビジョンを名乗ったのは、明確な理由がある。「計画には期限があるので、だいたい守られない。ところが、ビジョンには期限がないから、必ずやる。言い続ける限り達成できる」（土屋氏）。

そして開けた「パンドラの箱」「24時間着用宣言」

ハードルになったのは、在庫に対する考え方である。ワークマンは、効率経営を重視していたため、在庫を持つことをタブー視していた。「作業服専門店なのに、作業服のPBはやらなかった。なぜなら、作業服は在庫になることが多いから」（土屋氏）。ワークマンは大柄な職人用になんと7Lサイズまでそろえていた。LやLLまではよく売れるが、7Lともなると年に2回転もしない。入荷を増やした分だけ在庫になるというのが社内の常識になっており、春夏や秋冬など季節商品を翌年に持ち越さないというのも鉄則だった。

PB商品の開発を進めるため、土屋氏はタブーをこっそりと破ることにした。手始めに作業服のデザインをスタイリッシュにし、上下合わせて破格の3000円（税込み）で大胆に50万着製造した。在庫を持つという「パンドラの箱」を開けたのだ。「実は、相当な覚悟が必要だった。（嘉雄）会長から呼び出されるんじゃないかと思った」（土屋氏）。

しかし、蓋を開けたら、杞憂《きゆう》に終わった。予想以上に売れたのだ。

「やっぱり700店舗以上（当時）もあると、ちゃんと販促をやれば、絶対に売れる。結局、会長からは、何も言われなかった。あまり在庫にならずに、売れましたから。もし、ばれていたら、『誰がやったんだ』と追放されちゃったかもしれないですけど、そのときはそのときだった」と土屋氏は笑う。

確かな手応えを胸に、いよいよ一般向けPBの開発に着手した。目標はユニクロだ。商品の完成度がユニクロに追いつくまで、土屋氏は、ワークマンの商品を仕事でもプライベートでも着続けることを己に課した。今なお続く習慣である。

「最初は『デザイン的にまあ許せる程度の作業服』だった。かっこいいとまではいかないが、まあ、ぎりぎりいいかなと思った」。が、家での評判は最悪だった。上着から下着までワークマンで固め、パジャマ代わりにもして24時間、ワークマンを着続けた結果、「家内からは『家ではいいけど、外出時には着ないで』と言われ、娘には『ダサい、ダサい』と言われ続けた。ワークマンの商品は一般客でも着られるんだ、という私の決意を社員に見せることが目的だったが、ユニクロの背中は遠く、一生着続けるのではないかと思い始めた」。

オフィスでワークマンを着始めても、残念ながら追随する社員は現れなかった。「やっぱり、恥ずかしいというのがあったんじゃないですかね」（土屋氏）。ところが、フォロワーは生まれなかったにせよ、社内の雰囲気は明らかに変わった。

「私がずっとワークマンの服を着ていたもんだから、経営陣が本気になったと思ったんじゃないですか。なにしろ、背広をやめちゃったわけだから」（土屋氏）。商品開発を担う商品部に、デザインが得意な社員を集め、外部からも数人採用するなどして、開発部隊を大幅に増強した。加えて、作業服に限らず、どんな商品でもつくっていいと宣言した。

「作業服だと、デザインの生かしようもなくて、うずうずしていたんでしょうね。制限をなくして、一般客向けでも、何をつくってもいいとやったら、皆すごく舞い上がって喜ん

だ。とにかくスピードがすごくて、破裂するようにいい商品が飛び出し、どんどんデザインがよくなっていった」（土屋氏）

受け皿として16年以降、スポーツウエアの「Find-Out（ファインドアウト）」、アウトドアウエアの「FieldCore（フィールドコア）」、防水ウエアの「AEGIS（イージス）」という3つのPBを立ち上げ、一般向け商品のラインアップを戦略的に増やしていった。そして開発部隊は、積極的に海外へと送り出した。スポーツやアウトドア、アパレルをテーマにした展示会に参加し、世界の最新トレンドに触れさせたのだ。

この間も、土屋氏は24時間ワークマンを着続ける生活を愚直に続けていた。新商品が発売されたら店舗に出向いて購入し、お気に入りの商品は仕事着にした。「私が誰の商品を着ているかは、結構皆見ているもので、よくできた商品は、とにかく褒めた」（土屋氏）。

そうこうするうちに、ワークマンを仕事着にする社員が増え始めた。自ら着用すると、ファスナーが弱い、通気性がいまひとつなど、細かい点にも気づく。自社で開発し、社員自ら着て試すという、会社を挙げてのライフテスト（耐久試験）により、商品力は見違えるほど向上した。土屋氏の見立てでは、商品の品質は毎年2～3割ずつ改善されていた。しかし、売り上げは3％、4％しか伸びなかった。

「役員として外に誇れる伸び率では全然ない。むしろ、恥ずかしい数字だった。PBR（株価純資産倍率）も2〜3で、とても成長企業とはいえなかった。商品はいいんだから、これはたぶん売り方が悪いと。そこで売り方を100％変えることにした」（土屋氏）

ついに見つけた4000億円の鉱脈

売り方を100％変える。土屋哲雄氏が、そう決意して挑んだのが、かつて中期業態変革ビジョンに掲げた新業態店の開発である。ファインドアウト、フィールドコア、イージスという3つのPB（プライベートブランド）を軸に、街着として使えるカジュアルウエアやレインスーツを集めた新たなコンセプトストアを、ワークマンとは別の名前で出店すると決めたのだ。

とはいえ、アパレル業界は作業服とは異なり、ライバルが多い。ユニクロやZARA、H&Mなどファストファッションの雄が幅を利かせ、スポーツ・アウトドアの有力メーカーもこぞって競争力のある新商品を投入している。しかし、土屋氏はこの一見すると飽和

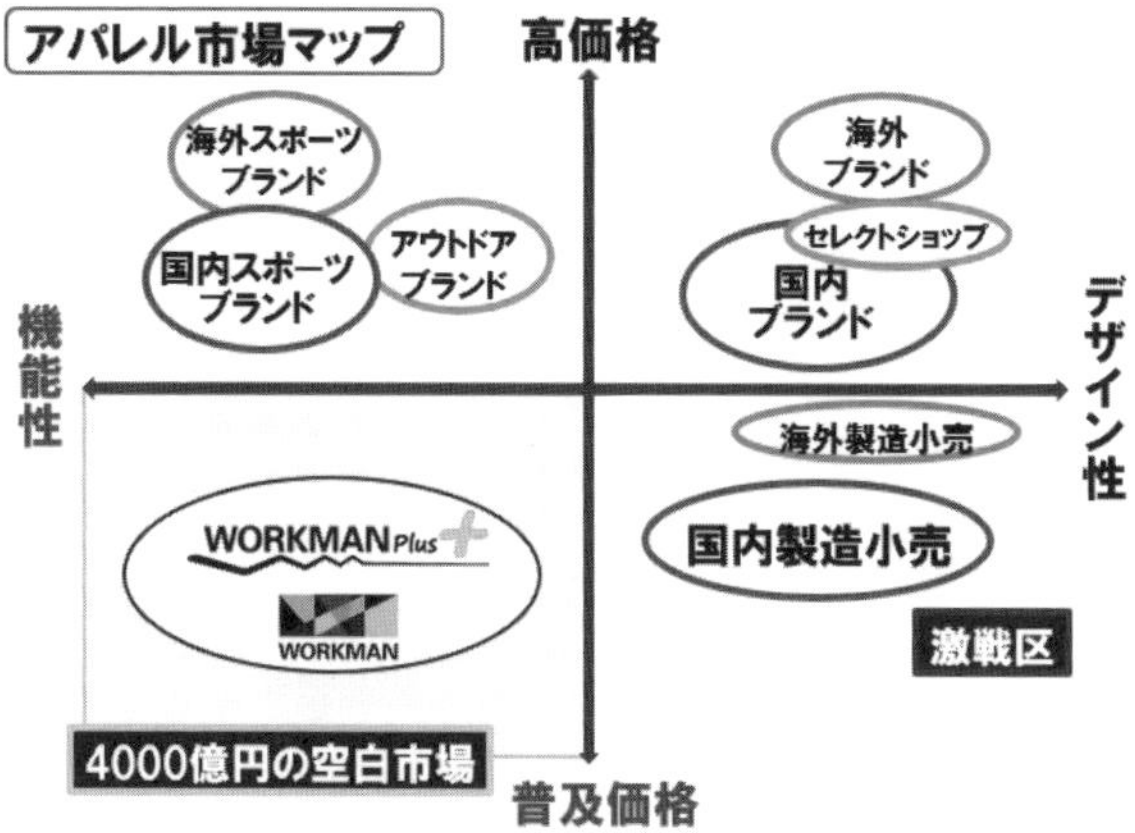

土屋氏が発見した4000億円の空白市場

状態のアパレル業界で唯一、競合不在の「ブルーオーシャン」を発見した。

高いか安いかという価格軸に加え、機能性という軸を1本加え、4象限でライバル候補をポジショニングした。すると、低価格かつ高機能を両立させたブランドが、市場からすっぽりと抜け落ちていることに気づいたのだ。耐久性や防水、はっ水など、作業現場で磨いてきた機能性を売りにすれば、ユニクロとも差別化でき、なおかつ圧倒的な安さを押し出せば、スポーツメーカー、アウトドアメーカーとの競争も避けられる。そしてこの発見したブルーオーシャンの市場規模を4000億円と見積もった。

譲れなかった「家賃3％」、ぴたりとはまった「空間戦略」

問題は、1号店をどこに構えるかである。「ワークマンといえば郊外」というイメージを覆すべく、あえて東京都心の銀座や原宿から華々しくとも考えた。しかし、何よりもネックになったのは家賃だ。「銀座に出したら、売り上げに占める家賃の割合が6割ぐらいになってしまう。こりゃ駄目だ。3％に抑えなきゃ駄目だ、と」（土屋氏）。

3％には、根拠がある。ワークマンは消費者に1円でも安く商品を届けるため、輸入品や仕入れ品の原価率の目標を65％と極めて高く設定している（108ページ）。当時の原価率は63％程度。商品が売れれば、売価の37％が粗利となり、さらに粗利の40％をフランチャイズ加盟店に分配する仕組みだった。家賃を3％に抑えられれば、諸経費を差し引いても、10％以上の営業利益を確保できる計算だ。

だからこそ、ワークマンは「家賃3％」を目標とし、郊外のロードサイドを中心に出店を進めてきた。「家賃60％」の銀座に店を構えても赤字になって、商売にならないのだ。しかし、それはそれとして土屋氏は、わざわざ銀座まで出向き、半日間、フィールド調査を敢行した。銀座には、どんな人が訪れるのか。それを自分の目で確かめようと、人の流れを食い入るように観察したのだ。「結局、（目当ての商品が決まっている）目的買いか、お茶を飲みに来る人しかいなかった。誰も立ち止まってウインドーショッピングをしない。チラチラとも見ないところは、やっぱり絶対行っちゃ駄目だと思った」。

原宿はもっとピンとこなかったという。「銀座はお年寄りもいるが、原宿には全然いなかった。特に裏原（裏原宿）に行くと、立っている私のほうが怪しまれた」（土屋氏）。

銀座も原宿も早々に候補から消した。渡りに船だったのは、大型ショッピングモール「ららぽーと立川立飛」（東京都立川市）がちょうどリニューアルを発表したこと。目玉となるテナントを探しており、「失敗しても、郊外だったらまだ挽回できる」と出店を決めた。

土屋氏の中では、店名もロゴも決まっていた。「WMプラス」である。ワークマンという名前は古臭いから、一般客には受けないと考え、当時、ホームページや採用ページからも「作業」「仕事」という語句をことごとく削っていた。しかし、ららぽーとを展開する三井不動産の見解は全く異なっていた。

ワークマンはプロが愛用している。つまり、職人品質である。職人御用達だから、ワークマンを残すことで一段上の品質だと消費者にアピールできるというわけだ。ワークマン担当だった三井不動産の伊藤榮輝《ひであき》氏は、「あえてワークマンという名前を冠することで、これまでとの〝イメージのギャップ〟を楽しんでもらえる」と迫った。店名にワークマンをつけなきゃ出店させないという勢いだったと、土屋氏は振り返る。

「まさかワークマンにそんなブランド力があるとは。目からうろこだった。社員の士気も上がった。プロ品質、プロの誇り、作業服の動作性、職人がこだわる機能、これが受けるんだと。私は、ワークマンのブランド価値を見誤っていた。100%過小評価して、ワークマンという名前を消そうとさえ思った」（土屋氏）

2018年9月5日、「ワークマンプラス」として構えた1号店は、ららぽーとにとっても、記録的な大ヒットとなった。1億2000万円と見積もっていた年間売り上げ目標を、わずか3カ月間で達成。開業半年で計画比2・2倍の売上高を記録し、目標を3億円に引き上げた。商品は既存店と全く同じながら、カジュアルなPBを前面に押し出し、店の外観や売り場をスタイリッシュに変える「空間戦略」が、ぴたりとはまった。作業服専門店がアウトドアショップになったというイメージのギャップが話題となり、一般客が次々と店に吸い込まれていった。まさに売り方を変えただけで、客層が大きく拡大したのだ。

想定外の盛況を受け、真っ先に動いたのは、栗山清治社長（当時）だった。「こんなに売

ららぽーと立川立飛にオープンした「ワークマンプラス」の1号店。アウトドアショップのような外観で、作業服専門店のイメージを覆した

れるんなら、路面店も出すべきだ」と土屋氏に進言した。そこで、ワークマンとして開店準備していた川崎市多摩区の店を急きょ、ワークマンプラス仕様の内外装に変えることにした。

「陳列什器を全部捨ててやり直し、ワークマンプラスにしちゃったんですよ。勘がいいというか、すごい。1店舗でも成功すれば、2店舗目からはもう完全に栗山さんの世界だった」(土屋氏)。ワークマンの出店と同様に、ワークマンプラスでも店舗の標準化、マニュアル化を推し進め、出店攻勢に出たのだ。

18年11月8日にワークマンプラスの2号店として、急きょ改装をやり直した川

マネキンを多用するなど、売り場の見せ方を大きく変える「空間戦略」が的中した

崎中野島店をオープンし、その2週間後の11月22日には「ららぽーと富士見」（埼玉県富士見市）に3号店を出した。タイプの異なる2店舗を同時期に出すと、売り上げの差分が取れる。そして出店するたびにＡＢテストでデータを蓄積した（86ページ）。「モール内かどうかは関係ない。3キロ圏内の人口が30万人近くあり、駅から徒歩5分、10分以内であれば大ヒットする」というデータが浮かび上がり、自信を持って全国展開に踏み切った。

以降、新店はすべてワークマンプラスとし、既存のワークマンは、ワークマンプラスへと集中的に業態転換した。特にこれまで苦戦を強いられてきた西日本の店舗が一気に盛り返し、東高西低が西高東低に逆転した。西日本の店舗が総じて好調なのは、そもそもワークマンの進出が遅く、「偏見があまりなかった」（土屋氏）からだ。創業の地群馬県など北関東では、ワークマン＝作業服のイメージがいまだに強いが、西日本は店舗そのものが新しく、売り場を柔軟に変えやすかった。改装ラッシュにより、20年3月末時点でワークマンプラスは全国175店舗にまで増えた。1号店からわずか1年半後のことである。

土屋氏は当初、ワークマンプラスは3年間、赤字を覚悟していた。消費者に浸透するのに時間がかかると思ったからだ。しかし、蓋を開ければ、新業態はすぐに受け入れられた。業績は急カーブを描いて上昇。株価も上値追いを続けて、上場来高値を更新。19年12月17日には時価総額が一時8600億円を超え、日本マクドナルドをも上回った。今やワークマンは「ポストユニクロ」の筆頭格と目される。アイデア1つで企業はここまで変わるということを、土屋氏は証明した。

商社出身の「ジャングルファイター」

土屋哲雄氏の原点は、商社にある。人生の転機になったと振り返るのは、三井物産時代の33歳のとき。共産党が一党独裁体制を敷く中国で「民間初のベンチャー」と提携し、後に合弁企業を立ち上げた。企業名は「四通《しつう》公司」。ガリ版機で大量印刷するために必要な、ガリ版原紙に穴を開けるドットプリンター式の中国語ワープロをいち早く量産した。形状はワープロというよりも、プリンターに近かった。デザイン的にとても洗練されているとは言い難かったが、市場経済を取り入れながら社会主義を目指す「改革開放政策」の波に乗り、瞬く間にシェアナンバーワンへと駆け上がった。

「四通は当時、中国で知らない人がいないほど有名な会社で、何万もの漢字を拾い集める

土屋氏が開発した中国語ワープロ「四通MS-2403」

手動式漢字タイプライターを完全に駆逐した。公文書の作成に使われていて、裁判所の前を通りかかったときなんか、私がつくったワープロで死刑判決の公告を打って張り出していた。『裁判後即銃殺刑』とか書いてあって。中国共産党員向けの学習資料の印刷にも使われていた」。土屋氏は、そう証言する。

共に事業を起こした中国人の中には、戸籍がない者もいた。「文化大革命で農村に下放されたときに逃げ出して、後で戸籍を買った人もいて。後に天安門事件を支援して、（フランスの）パリに逃げた同僚たちもいた。いやあ、面白かったですよ。中国の内部情勢が実によく分かった」（土屋氏）。

中国ビジネスに携わって2年後には早くも仕事を人に投げ、これから自分は何をすべきか、何をしたいかと考えた。三井物産には社内ベンチャー制度があった。「看板とお金が使い放題。こんなにいい制度はない。中国でベンチャーを見てきたから、東京でもやろう」とすぐさま応募。１９８８年に起業したのが三井物産デジタルだった。35歳にして同社社長となり、経営のかじ取りを任されることになった。

三井物産デジタルは、工場を持たないファブレスのハードウエアベンチャーで、土屋氏自ら半導体の設計を手掛けた。自作のＡＳＩＣ（エーシック、特定用途向け集積回路）を搭載したニッチで付加価値の高いプロダクトを多数世に送り出した。そう、当時の土屋氏は、ごりごりのエンジニアでもあったのだ。代表作が、ボーリング場の採点装置だという。ＷｉｎｄｏｗｓもＬＡＮの規格もない時代、パソコンの中身を分解して基盤を入手し、ネットワークは外部のライセンスを購入して組み合わせた。「当時はグラフィックもないので、チアガールが足を上げてスカートがめくれる絵をドットでつくった。ただ、めくれすぎると、やっぱり三井物産だからまずいとかですね」（土屋氏）。

野球のバッティングフォームやゴルフのスイングフォームを分析するモーショントレー

サー、さらには、保険の約款や税務申告書の欄外注記など、小さな文字を印刷できるレーザープリンターも開発した。「4ポイントとか3・5ポイントとか。とにかく『読めない文字を打つプリンター』をつくったら、なぜかこれが売れに売れた」（土屋氏）。

毎年11月に米ラスベガスで開催された世界最大級のコンピュータ関連の展示会「COMDEX（コムデックス）」にも何度となく足を運び、米デルのパソコンを見初めた。デルの日本の正規代理店に名乗りを上げ、いち早く日本に輸入すると、予想以上の高値がついた。「30万円で仕入れたパソコンが100万円以上で売れたので、日本経済新聞に毎週、通販広告を打ってですね。当時はバブルだったから、結構いい時代でしたよ」（土屋氏）。

「絶対笑わない社長」が待つ〝奥の院〟へ

三井物産デジタルを10年ほど率い、最終的に社員100人、売上高80億～90億円規模の会社に成長させた。「ただ、社長という肩書きだったので、出戻ってから困った」（土屋氏）。与えられたポストは、経営企画室の次長。7人しかいない経営企画メンバーの1人に抜擢された。「野武士みたいなやつが、突然コーポレートの中枢に行っちゃいまして。でも、勉強になりましたよ。全然、合わなかったですけど」（土屋氏）。

経営会議で顔をそろえる役員は、強者ぞろいだった。後に日銀政策委員会のメンバーになったり、米デュポン本社の役員になったり、住宅金融支援機構のトップになったりと、副社長クラスを筆頭に突出した才能がきら星のごとく集結していたという。

「そんな方々と、しかめ面で絶対に笑わない社長と、毎週1時間、本気で議論するんです。私なんか会議用の資料でさえ、金額がよく桁ずれしていた。死ぬほど怖い社長の前で、100億円と10億円を間違えたりした。まあ、ジャングルファイターでしたから、桁のつや2つのミスはどうってことなかったんですね。ジャングルから急に大企業の奥の院みたいなところに来て、社長直結の旗本になった。めちゃめちゃ忙しくて年間364日ぐらい会社に出ていたけど、面白かったですよ。『もうかるけど、それは倫理に反する』『それは会社の大きな柱にならないんじゃないか』とか、白熱した議論が飛び交い、深みのある経営を感じた」。どんな状況にあっても持ち前の好奇心を働かせ、「面白い」「勉強になる」とのめり込むのが土屋氏である。

世は、金融危機のさなかだった。「ローソンをダイエーから買ってくれ」「ファンドに共同出資してほしい」といった極秘案件が外部から多数持ち込まれ、張り詰めた緊張感の中、経営会議の前日には決まって社長と1対1のブリーフィングに臨んだ。経営企画室にいたのは2年間だったが、「社長がどう悩み、どう決断しているのかが手に取るように分かった」（土屋氏）。野武士にとっては、一瞬にして逃げ出したくなる環境だったが、なんとか脱落せずにやり遂げたことで、商社マンとして一段とパワーアップしたのだ。

再び中国へ、権力闘争の中心に

土屋氏はその後、三井物産のエレクトロニクス製品開発部長に転じ、2003年、再び中国へと渡る。中国の国営企業・上海広電が60％、三井物産が40％を出資して「上海広電三井物貿有限公司」を設立し、総経理（社長）に座った。上海広電三井は液晶の販売会社で、中国側の親会社は1000億円を設備投資し、2000億円程度を売り上げる強気の計画を立てていた。

しかし、北京にはより規模の大きなライバル会社が君臨し、しかも胡錦涛政権とのパイプが強かった。一方、上海は前最高指導責任者の江沢民派が強く、胡錦涛政権と対立していた。いつもは面白がる土屋氏も、珍しく中国行きを渋った。「北京のもっと大きな会社と戦うだけでなく、胡錦涛と江沢民のどっちが勝つかという国策企業同士の争いに巻き込まれる感じがした。あまり成功する気はしなかったけど、社長はこっち（三井物産）から出せと言われたので、どうしてもというなら、じゃあ勉強してこようと」。

もともと中国の国営企業には興味があったという。「今ならスパイ罪で捕まりそうですけど、人々がどういう生活をして、お金を貯めているのか。あとは、権力構造ですね。例えば、上海市の局長クラスはどれくらいの権限を持っているのか、どのくらいクリーンなのか。中国の役人は1階級上がるたびに身辺調査をされるので、意外に皆さんクリーンだった。身辺調査中の人は顔色が悪いので、すぐに分かるんですよ」。

結局、土屋氏の懸念通り、胡錦涛政権は程なく江沢民派の一掃に乗り出した。上海市のトップを汚職の疑いで摘発するなど、上海の有力官僚が次々と失脚。上海広電三井の親会社も土俵際に追い込まれ、吸収合併の末に北京の会社になってしまった。土屋氏も中国を去ることになる。せめてもの救いは、損切りを早めたこと。「ただでは転ばず、何百億円と売り上げをつくり、もうけるところはもうけたうえで、投資した金額はすべて回収できた」（土屋氏）。首の皮一枚でつながったのだ。

土屋氏いわく、中国ではいいビジネスほど、政治と一体となった「命懸け」のすさまじい生存ゲームになる。ビジネスではもうけたものの、永続性のある美しい仕組みはつくれなかったという。「中国語ワープロの会社は、まだ法律も整備されていなかったので（中国進出は）トゥーアーリー、上海の会社はトゥーレイトだった。もうちょっと早く上海に行ったら、もう一旗揚げられたかもしれない」。

コンサル部門をゼロから設立「知財を売る」

06年6月、土屋氏は三井情報開発（現・三井情報）の取締役執行役員に就任。ゼロからコンサルティング事業を立ち上げた。三井情報には総研事業があり、官庁からの委託研究を受注しては、助成金が正しく使われているかを評価していた。ただ、土屋氏には「そんなことをやっていてもしょうがない」としか思えなかった。「官庁の仕事なんかやっていても発展性がない。それよりも、知財を売ることをやりたい」と動いた。

ちょうど企業会計が国際基準に変わろうとする端境期で、時代を先取りし、会計原理を基礎から学ぶことにした。指導教官は自ら探し、中央大学会計専門職大学院の先生に「押しかけ弟子入り」したという。これを読んできたら次を教えてあげると言われて渡されたのが、5冊計2300ページにわたる英語の本。「とにかく英語で学んだほうがいいと言われて、イギリスとアメリカの会計原理の違いも教えてもらった」（土屋氏）。それだけではない。コーポレートガバナンスでは法政大学、IT投資評価では武蔵大学の教授に教えを請い、自分なりのコンサルメソッドを構築していった。

「コンサルをやって一番よかったのは、我慢する鍛錬ができたこと。これまで全部自分一人で改革しようとしてきたが、人を説得して改革してもらうという所作が身についた」（土屋氏）。実際、コンサル事業は順調に伸び、通信、化学などさまざまなジャンルで、誰もが知る大手企業から次々と受注を獲得。100人規模の大所帯に育てた。

ハードウエアベンチャーに始まり、道なきジャングルを駆け抜けた商社時代。実感したのは「自分が2流の企画マンだということ。三井物産から見たら100億円の売り上げ、10億円の利益なんてごみで、そんなのは早く整理したいわけで。自分の限界を知ったのはいい経験だった」。60歳まで勤め上げ、第2の人生として進んだのが、ワークマンだった。

脇目も振らず、作業服という1点突破で、圧倒的なシェアを築いたワークマンのオペレーション力と、土屋氏が商社時代に培った起業力が掛け合わさった。世の中をあっと驚かせる新業態「ワークマンプラス」はこうして生まれたのだ。

群馬から全国へ、目覚めた素養

ワークマンと言えば、歌手・吉幾三のテレビCMで一世を風靡した。1987年から放映が始まり、30年近く「ワークマンの顔」として、特に関東のお茶の間ではおなじみだった。90年に入社した八田博史加盟店推進部長は、ワークマン創業の地、群馬県伊勢崎市で生まれた。「昔から群馬テレビでは、ローカル番組の合間にCMをやっていた。『あ、ワークマンだ』って。さすがに入ったことはなかったけど、割と身近にあって知っていた」(八田氏)。

前身となる「いせや」にもよく行っていたという。「当時、伊勢崎にいせやのデパートがあって生活の一部だった。ゲームセンターで遊んだり、親と一緒に買い物に行ったり。群馬県民としては当時、ワークマンは、いせやのお店だった。カインズも、セーブオンも、全部いせやのお店だった」（八田氏）。

創業の地だけあって、群馬には昔からワークマンがあちこちにあった。しかし、大半は40坪（132平方メートル）程度の小規模店だった。忘れられないのは高校時代。ちょうどツッパリ（不良）が多かった頃で、学ラン（学生服）に刺繍を入れるのがひそかなブームだった。「『それ、どうしたの？』って僕が聞いたら、『いや、ワークマンに行くと、やってくれるんだよ』と平然と言うんですよ。『ワークマンは、そういうこともやっているんだ』と思った」（八田氏）。

当時、デザインを学んでいた八田氏は、話だけでも聞いてみようとワークマンの会社説明会に出かけた。「当時はバブルで、本当に『人くれくれ状態』の時代だったので、そのまま面接を受けさせられ、あっという間に合格が出た。自分の中ではいせやに入ったという気持ちだったし、親戚からも『ああ、いせやに就職したんだね』と言われた」。

新卒採用3期生、初の〝大量採用〟で入社し、1年間直営店で店長を務めた。標準店の規模が40坪から60坪（198平方メートル）に広がった時期だったが、見た目は全く変わらない。「本当にもう、作業服屋という感じだった」。その後、配属されたのは販売促進部だった。ものづくりが好きだったので、ずっと志望していたという。

注）「ツッパリの学ランに刺繍を入れた」というくだりは当時の話で、現在は行っていない

「今は2年間しっかりと店長をやって、その後は（加盟店の店舗運営を指導する）ＳＶ（スーパーバイザー）になるという道筋ができているが、我々のときは半年から1年ぐらいしか、お店にいなかった。昔はとりあえず志望したところに入れて、内勤でいろんなことをやらされた。右も左も分からない中、怖い上司もいるし、今思えば、超ブラックだった。みんなタバコを吸っていて、夜の20時、21時になっても帰らない。早く帰るのは、悪人という扱いで、もう本当に帰りにくかった。ＳＶも22時ぐらいに集まって急に会議が始まる。この会社は、どうなっているんだと思った」（八田氏）

転機となった「Ｋ－１作戦」

ワークマンが全国チェーンへの飛躍をつかんだターニングポイントは、２０００年だった。当時、八田氏は商品部にいた。与えられた課題は、ニッカポッカという、鳶職人がはく〝ダボダボのズボン〟を超低価格で売ること。「ニッカポッカは、『寅壱』という一番有名なブランドでだいたい４０００～５０００円した。これを９８０円でつくれないかという話になった」。当時はＰＢ（プライベートブランド）がなかったため、メーカーと共同開発に乗り出した。「本当に細かい話で、双糸を単糸にしたら安くなるんじゃないかとか、ポケットの素材を、もうちょっと安く丈夫なものにできないかとか、本当に細かいところ、1円1銭の世界で商品開発していた」(八田氏)。

そうやって生まれたのが、980円のニッカポッカ「白狼」だ。これが大ヒットし、「そこから低価格路線を走るようになった」と八田氏は明かす。ワークマンの売りである「低価格でも高機能」は、このときに生まれたのだ。

社内ではこのプロジェクトを「K-1作戦」というコードネームで呼んでいた。ネーミングの由来は、はっきりしない。「俺は、関東一番と聞いたけどなあ」という社員もいれば、八田氏は「いや、K-1みたいに相手をぼこぼこにするぞ、じゃなかったかな。それか『価格で一番』という話も聞いた」と言う。

とにもかくにも、このK-1作戦は大当たりした。早速、大和店(神奈川県大和市)を改装して、低価格の実験店にしたところ、びっくりするほど、よく売れたという。「毎日100万円ずつ売れていたイメージ。僕の中ではK-1作戦が、第2の創業」と八田氏は語る。

実際にこの00年を境に、ワークマンの店舗数は急速に増えた。今まで関東近辺にしか店がなかったが、西へ西へと陣地を広げていったのだ。00年に滋賀・兵庫・奈良・福井の4県に進出し400店舗を達成。01年に大阪、02年に京都へ攻め込み、500店舗に到達。その後も04年に岡山・広島、05年に香川、06年に徳島・愛媛、08年に高知、09年に山口、11年に福岡、13年に島根・鳥取、14年に佐賀・北海道、15年に熊本、16年に大分・沖縄に初出店し、17年に800店舗に到達した。残る空白県は、宮崎のみ。その宮崎県も、いよいよ20年度中には開業する予定だ。名実共にワークマンは全国チェーンになる。

そして現れた改革者

ワークマンという企業を大きく変えたのは、土屋哲雄氏だ。八田氏は「やっぱり、土屋さんが来て会社が変わった。これはもう間違いない」と断言する。12年、常勤顧問として最初の経営会議に臨んだ土屋氏はこう言った。

「社員一人ひとりの能力はすごい。それを生かしていけるようにしていきたい」

八田氏にとっては、目からうろこの言葉だった。「ああ、こういう人がいるんだな、って。僕らが入社したときって、とにかく根性だ、やる気だ。『これ、どうしたらいいんですか？』『お前、自分で考えろ』みたいな、そういう上司にしか仕えてこなかった。社長の顔ばかりうかがって、社長がこう言っているから、こうしなきゃいけないじゃないけど。嫌な会社ですよね。だから、土屋さんの言葉を聞いて、ちょっとうれしかったですし、やっぱり我々のやってきたことって、間違っていなかったんだな、と確認できた。土屋さんが、我々を束ねてくれているから、みんな今、自分の思うようにポテンシャルを出せている」。

八田氏がバイブルとしているのは、土屋氏がパワーポイントで作成した中期業態変革ビジョンだ。「ことあるごとに見て、自分の地図にしている。土屋さんのいいところは、ちゃんと地図を広げて『あなたの行く道はこっちだ』と指し示してくれること。土屋さんが来て、みんな『自分はこうしたい』と好きに提案するようになった。僕が加盟店向けにこんな制度を創設したいと提案しても、データの裏付けさえあれば、土屋さんは、絶対に否定はしない。『あ、そういうことがあるんだね』『じゃあ、やってみよう』と言ってくれる。本当に土屋さんから言われたことが、自分のベースになっている」（八田氏）。

この5年で、ワークマンは急成長した。怒濤《どとう》の勢いでPB商品を開発し、新業態「ワークマンプラス」をいきなり軌道に乗せた。18年9月、ららぽーと立川立飛に開業したワークマンプラス1号店のにぎわいを見て、八田氏は思わずつぶやいた。「歴史が変わった」。

ブラック企業だと思っていた会社は、いつのまにかホワイト企業になった。「もう、信じられない思い。うちは、気合いと根性の会社だったので。ただ、自分で言うのもなんだけど、うちの会社には、素養はあった。ベイシアグループにはプロフィットシェアリングという考え方があり、利益の一部を教育に回したり、社員に還元したりしていた。自然と気づいたら、勉強していた。環境が悪かっただけで、皆さん素養はすごくあった。ワークマンプラスができて、ようやく、それが花開いた感じがした」と八田氏は感慨を込めた。

もちろん、創業者であり、ベイシアグループを一代で築き上げた土屋嘉雄氏の時代を読む力も、確かだったという。「最初にワーキングウエアに目をつけたのもすごいし、土屋代表（＝嘉雄氏）は、節目、節目で適切な助言をしてくださるんですよ。『今はもう、低価格の時代だよね』と言われると、会社がばっと動く。だから、土屋代表の先見の明もあるし、うちら軍隊だったので、やれと言われたら、バッとやり遂げる力があった」（八田氏）。

その名残もあったのかもしれない。ワークマンプラスが受けたと見るや、ワークマンは、既存店のワークマンプラスへの業態転換を一気に進めた。「うちは、みんなでやる。そういう会社なので。それは、企業文化だと思う。Ｋ－１作戦で低価格に挑み、ＰＢの開発が始まって、そしてワークマンプラス。僕は、その節目、節目に全部立ち会ってきたので、会社ってやっぱり成長するんだと実感した」（八田氏）。

これまでワークマンは、ベイシア、カインズを擁する巨大グループの一兵卒という印象だった。しかし、今やワークマンこそが、成長率で抜きんでるようになった。しかし、本質は昔から変わっていない。「作業服を柱にしているのもそうだし、僕自身も実は、やっていることはあまり変わっていない。売っているものも、おしゃれにはなったが、そんなに根本から変わってはいない」（八田氏）。ただ、世間からのイメージだけは大きく変わった。時代がようやくワークマンに追いついたのかもしれない。

第2章

大躍進の裏に「データ経営」あり

全社員がエクセルの達人

「作業服は40年近くやってきたから、勘と経験で何とかなった。でも、本気で外に打って出る以上は、がちがちに分析しないといけない。うちは、アパレルも知らないし、アウトドアも知らないし、スポーツはもっと知らないんだから」

アウトドアウエアやスポーツウエアの品ぞろえを強化した新業態「ワークマンプラス」を出店するに当たり、土屋哲雄氏が絶対に必要だと考えたのは、データ経営だった。

「アナログワークマン」から「デジタルワークマン」へ

土屋氏は、2012年4月にワークマンに入社。その年の6月にCIO（最高情報責任者）的なポジションについた（22ページ）。前職でコンサルティング事業をゼロから立ち上げた経験があるだけに、心底驚いたのが、ワークマンにはデータがないという現実だった。「そもそもどれだけ在庫があるのかという数量データがなかった。決算も売価還元法という原始的な手法を使っていて、例えば、期末と期首の販売額の差を在庫にするという簡易的な在庫管理をやっていた。金額の総額だけを引き算すればいいから、数量は把握しなくてもいい。ワークマンというのは、とにかく余計なことをやらない会社だから」（土屋氏）。

それでも、作業服業界では2位以下を大きく引き離す独走状態。「勘ピュータ」でも、安定して増収増益を続けてきた。しかし、未知なる業態への進出となれば、丼勘定では通用しない。在庫の数量が分からなければ、店に何をどれだけ並べたらいいのかさえも分からないからだ。

「CIOは、会社の中で唯一、先を見るポジションですから。例えば店舗が1000を超えるのか、超えないのかで、必要な情報システムが変わってくる。ワーク（作業服）だけをやるのか、他の業態もやるのかによって、商品コードの桁数も変わる。そうなると、10億円、20億円単位でシステムを作り直さなきゃいけない。システムは『構想1年、作って1年、使って6年』。だから、CIOは絶えず8年先を見ているんですよ。社長やCFO（最高財務責任者）は意外と四半期決算や当期利益ばかりを見ているが、CIOだけは未来を考える。だから、そういう目で会社を見ていると、データがないって、おかしいなと気づいたんですよ」（土屋氏）

何事もデータに基づいて検証しなければ、新しい売り場のフォーマットをつくり上げることはできない。その思いは、栗山清治社長（当時）にも通じた。「栗山さんも、アナログワークマンからデジタルワークマンにならないといけないと言ってくれた」。日本の小売りでナンバーワンのデータ経営集団へ。「デジタルワークマンプロジェクト」が走り出した。

直営店は「トレーニングストア」

ワークマンは伝統的に、新店舗をまずは直営店として開業し、売り上げが伸びてきたら、フランチャイズ（ＦＣ）店に切り替えるスタイルで出店拡大を進めてきた。今や、全国のほとんどの店舗がＦＣ店で、その比率は95％を超える。直営店は約30店舗に過ぎず、土屋氏はこの直営店を完全に「トレーニングストア」と割り切って運用することにした。

というのも、新入社員は入社してすぐ直営店に配属され、2年間は「店長」の肩書きで業務する。しかし、店長にもかかわらず、業績管理はしなくていいことにした。

「業績がどうかなんて誰も見ていない。直営店の売り上げに依存するようじゃ、世も末なので。うちが業績の代わりに見ているのは、社員の能力が伸びたかどうか」（土屋氏）。きちんと接客ができているか。商品知識を学び、来店客とコミュニケーションが取れているか。店に立つうえでの基本姿勢を重視し、プラスアルファで、データが活用できるかどうかを見る。例えば、自分で売り場を改善して、成果が出たかどうかはデータベースを見て判断する。店長を務めながら、こうしたデータ活用のいろはを教え込むのだ。

データ分析は、完全にカリキュラム化されている。入社年次に合わせて、ステップを駆け上がるように学習計画が組まれているのが特徴だ。まずは新人店長時代の入社2年目にデータ分析講習を2回受講する。その後、本部に配属され、店舗の改装や新店の立ち上げに携わるが、この間にも講習を1回受講する。続いてスーパーバイザー（ＳＶ）という、ＦＣ

全社員向けデータ分析講習会

誰でもできる
浅く広くが原則

対象	講習名	内容	考査
2年目	d3定型分析	d3の基本分析機能	
2年目	d3汎用分析	d3のレポーター（カスタマイズ画面） バスケット分析d3ルーティン説明	
3年目	エクセル分析	エクセルの基本 簡単なエクセル関数の使用法	○
4年目	d3演習	小売の計算、HBT分析、 、データ加工演習、d3の実践演習	○
幹部候補	スキルアップ	データ加工、データ分析、 エクセル関数の使用法（実践）	○

初級者向け考査は平均90点

加盟店を指導する立場となって、さらに1回。つまり入社4年目までに、計4回の講習受講を義務づけているのだ。これとは別に、直営店長は毎月1回のペースでレポートを提出し、理解が追いついていない社員には補講をするなど、フォローアップ体制も整えている。

データ分析というと、小難しいソフトを使っているように思われるかもしれないが、さにあらず。基本は、Windowsパソコンに標準搭載されている、米マイクロソフトの表計算ソフト「Excel（エクセル）」だ。土屋氏はまず、全社員を対象に、エクセルの使い方を学ぶ講習を2年ほど続けた。その後、14年10月にデータコム（仙台市）が開発した小売り向けのPOSデータ分析システム「d3」を導入。今では、d3のPOSデータをエクセルにダウンロードし、エクセルの関数を使って需要の変動を読み解いている。分析講習ではこのd3による定型分析、汎用分析と、エクセルを使ったデータ加工、関数の使い方など、業務に必要なポイントに絞って、集中特訓している。

「データサイエンティストは必要ない」

指導教官は、社内でも〝名人級〟にデータ分析が得意なSV部の社員。習熟度を測るテストにも工夫がある。平均点が90点になるように問題のレベルを調整しているのだ。すべては、自信をつけさせるためである。

「よく平均点が50点、60点というテストがあるが、出題者が問題作成を頑張っちゃうと、受けるほうは皆、やる気がなくなってしまう。難しすぎると、苦手意識が生まれて、かえってデータが嫌いになってしまう。そもそも得意だと思ってもらうのが目的なので、ちゃんと考えればできる問題ばかりを出題するようにしている」（土屋氏）

中級者向けデータ分析講習会

中級者以上は分析ツールを自分で作成

分析サポート講習（分析チームに向けた育成カリキュラム）

	内容
第1回	分析の演習（機会ロス算出の計算）
第2回	需要予測発注の発注ロジックの理解、シミュレーション方法
第3回	エクセル関数上級
第4回	需要予測1（移動平均、指数平滑）、回帰分析、相関分析
考査	分析チーム昇格の考査

分析チーム講習（分析スキル、統計に関する知識の育成カリキュラム）

	内容
第1回	ファイル作成演習（クラスの販売ランキング）
第2回	統計の基礎（標準正規分布、検定）
第3回	分析の演習（時間帯別来店客数、データ加工）
第4回	需要予測2（指数・対数・多項式）
第5回	需要予測発注のロジック変更時のシミュレーション方法

全新入社員対象の講習はここまでだ。なぜなら、エクセルを使って定型的な分析ができれば、通常業務は十分やっていけると考えるからだ。「日々の販売データを見て異常値を発見したり、次にどんな手を打てばいいのか考えたりする力が身につけばいい。だから、うちには、突出したデータサイエンティストは必要ない」（土屋氏）。

その代わり、データに強い社員は、その実力をさらに伸ばす。入社5年目以降は「分析サポート講習」という名の、より実践的かつ発展的な演習に入る。大学でいえば一般教養科目を修了してゼミに所属し、専門を窮めていくステージだ。この関門を突破し、データ分析のプロとして、めきめき頭角を現した中堅社員が、晴れて「分析チーム」のメンバーになるのだ。

分析チームは全国に約120人いるSVの中でも特にデータに強い精鋭20人で構成し、いわば全社のデータ活用の中核を担う。SV業務と並行しながら毎月1回は終日、講習会に参加。分析スキルをさらに磨き、標準正規分布といった統計の基礎、需要予測に必要な指数、対数、多項式などを学んでいく。ここから、PB（プライベートブランド）商品を開発する商品部や、物流を担うロジスティクス部など他の部署へ巣立っていく。このサイクルを続けるうちに、血液が体内を巡るように、どの部署にもデータに強い人材が行きわたってきた。

最近では、商品部も「第2の分析チーム」のようになってきたという。「商品を開発する以上は、きちんと売り切らないといけない。まずは数量を決める、サイズの分布（S、M、L、LLなどのサイズの幅）を考える。これが、かなり難しい。例えば、職人の方は筋肉があるので、サイズが大きめ。一方、一般の方は一回り小さくていい。だから、プロ客（職人客）と一般客がそれぞれどれだけ買うかという予測を立てないと、サイズが決定できない。柄も同じ。派手目の柄だったら、こんな人が買うから、こういうサイズ分布になるとか。それはもう、自分で仮説を立てて毎日データを見て、正しいかどうかを検証していくしかない」（土屋氏）。

ワークマンでは、なんと経営幹部にまで毎年、データ分析講習を課している。加齢とともに、学んだことを忘れていくからだという。まさに社内一丸となってデータリテラシーの底上げと維持を図っているのだ。ここまでデータ、データと前のめりになっている小売企業は、日本でも極めて珍しい。

「趣味」で生まれた決定的なツール

こうした体系的なカリキュラムにより、全社員がエクセルの達人となり、数字やアルゴリズムに強い社員もずいぶん育ってきた。「エクセルの関数を使って業務に役立つ分析ツールをつくれる人が2割。エクセルで高度なマクロ（複数の操作を自動的に実行する機能）が組めてプログラミングまでできる人も3％以上出てきた」（土屋氏）。

データ学習の副産物として、思わぬ便利ツールが誕生した。その名も「未導入商品発見ファイル」。店の番号を入れると、その店で在庫がない商品が一発で表示される。しかも、売れ筋順にリスト化されるため、今、この瞬間に入荷しなければいけない商品が分かる。「だからこれを見れば、あとは店長に『上位20位までの商品を入れて』と説得するだけでいい。これだけで2時間ぐらいかかっていたSVの仕事が終わってしまう」（土屋氏）。

開発したのは、東京本部のマネジャークラスの社員だという。「趣味でエクセルを使って関数とピボットテーブルかなんかでつくっちゃった。あんまりいいので、これはみんな標準で使おうと決めた。決定版的なツールになった」（土屋氏）。

AIではなく、エクセルを推す理由

それにしても、なぜエクセルなのか。土屋氏は「エクセルがいいのは、自分で考えるようになるからだ」と説く。実は、ＡＩ（人工知能）の導入も検討したことがある。某有名ＡＩソフトの有料講習会があり、データ分析の責任者を2人、会場へ派遣した。受講料は何十万円としたが、ＡＩがどの程度役に立つのか、確かめたかったからだ。実際の販売データなどを持ち込み、このソフトを試したところ、需要予測のアルゴリズムなどが短時間で自動生成でき、しかもかなり使えることが分かった。

確かに便利だ。しかし、土屋氏はＡＩには欠点もあると、導入を思いとどまった。「ＡＩにはプロセスがなかった。思考のプロセスがブラックボックスになって見えない」。
ＡＩは大量のデータから相関関係を見つけるのは得意だが、ビジネスで必要なのはむしろ因果関係を見極めること。例えば、「給料が高い」と「業績がいい」に相関関係を見いだしたとして、ＡＩは因果関係までは示してくれない。「普通に考えたら、給料が高いから業績がよくなるということはありえない。業績がいいから給料が上がる」（土屋氏）。ただし、それが本当に正しいかどうかは、実際に全社員、あるいは少なくとも一部社員を対象に賃上げするなどして、実験してみないと分からない。
「スーパーでも、おむつとビールが売れていたからと言って、ビール売り場の横に、おむつなんか置かれちゃ困る。どうやったら売り上げにつながるのかは、実験するしかない。相関関係があると言われたって、何のビジネスにもならない」（土屋氏）
ＡＩは、たちどころに結果を教えてくれる。だからこそ、社員が考えなくなってしまう。そもそも社内の課題解決なら、エクセルでも十分できる、と土屋氏は考えた。ＡＩとは異なり、時間はかかったが、それでもエクセルでシミュレーションを重ねるうちに、需要予測のアルゴリズムはできてしまった。実際に現場では、今もそのアルゴリズムを毎週、微修正することで使い続けている。

「ワークマンのデータ活用の原則は『浅く広く』。知識が浅い分を衆知という広さで補う。皆で考えて進化させていく。AIのようなスーパーパワーではなく、普通の人の知恵を集めて経営していくのが理想。それなら、むしろエクセルのほうがいい」（土屋氏）。社員全員がエクセルを使いこなせるほど、データリテラシーが高まったからこそ、エクセルでいこうと決心した。

AIに未練がないわけではない。ただ、当面はエクセル経営を続けるつもりだ。「データリテラシーが小売りでトップになり、人材がそろい切ったら、AIで自動的にやってもいいかなとは思っている。何億円使っても、AIを入れたほうができることが増えるので、金額に見合う成果は出る。ただ、相当自信がつくまではAIは入れない」と土屋氏は宣言した。

データ分析力が部長の必須条件に「最強布陣が完成」

アナログワークマンだった頃は、勘と経験に依存していたため、若い社員は古参の社員に逆立ちしても勝てなかった。しかし、今や違う。改革マインドに加え、データ分析力があることが、部長登用の必須条件になったのだ。典型的なのは、全国のSVを束ねるスーパーバイズ部長（SV部長）だ。「SV部長は数字に圧倒的に強くて、自動発注のアルゴリズムまでつくった人。やっぱり、在庫を数字でつかめる人が部長だろうと、推される形で部長に上がった。社内の価値観が変わったので、分析ができる人がかなりいいポジションにいくようになった。今まではコミュニケーションが得意な人が部長になっていた。店長に顔が広いとか融通が利くとか。今は違う。最適在庫をどう実現するかなど、データを分析できる人が部長になる」（土屋氏）。

実際にワークマンの部長陣は、数字に強い人ばかりになった。「商品部長も、数字でいろんな計画を立てられる人。派手なウエアはこれぐらいつくり、地味系はこのくらいに抑えるとか、マクロ分析ができる。ロジスティクス部長はエクセルを使って入出荷計画を毎日立てている。毎年2倍ずつ物流が増えたらどうなるか、西日本への出店を増やしたらどうなるかと、倉庫を拡張するシミュレーションを描いている」（土屋氏）。

SV部長のデータ分析力を100とすると「ロジスティクス部長は90、商品部長は80、社長でも70ある。私は数字のウソは見抜けるけど、分析力は60。70あったら、データ分析の超プロですからすごいんですよ。データ経営の最強布陣が完成してきた」（土屋氏）。

この社長というのは、栗山氏の後任として19年4月に就任した小濱英之氏である。1990年にワークマンに入社し、商品部長などを歴任。前任は取締役SV部長だった。「小濱さんは『現場の神様』。なんでもできる。客層拡大で一般向けの商品をつくったのは彼だった。デザイン力はあるし、データも使える。一番理想的なキャリアパスを2つ満たしている。エース中のエース。もう、満を持して出てきた。彼しかいないんですよ」（土屋氏）。

アメとムチでやる気にさせる！ 社長をリーダーに

ワークマンに、もともとデータに明るかった人はほとんどいない。「うちは、文科系の出身がほとんどなので。最近、数学科の人を採用したが、数学で来たわけではなく、バイク乗りで、バイクウエアに惹かれてきた。まあ、バイクは大事ですからね。ライダースジャケットとかいっぱいつくらないといけないから」（土屋氏）。

データリテラシーがほとんどない、そもそもデータすらなかった会社が、なぜここまで短期間にデータ経営企業になれたのか。

効果を発揮したのは、アメとムチ戦略である。ワークマンは2014年、中期業態変革ビジョンを発表した。ビジョン策定を担った土屋氏が、中でも強調したかったのは、「『データ経営』で新業態を運営する準備をする」という一文だった。

新業態には、今までの知識や経験は一切通用しない。だからデータ経営が必要だと訴えた。「d3」というソフトを導入したのも、このときだ。しかし、ただ宣言しても、社員はついてこないだろう。そこでビジョンの中で「社員年収を5年で100万円ベースアップする」と約束した。そして実際に社員に利益を還元し、毎年4%、5%と急速に賃上げしていった。20年3月期は9%もの大幅アップとなった。賃上げという「アメ」でモチベーションを上げ、その代わり「ムチ」としてデータ分析を学ぼうと呼びかけたのだ。

教育方針は、褒めて伸ばすを徹底した。あるとき、分析チームが所属するSV部に加え、商品部やロジスティクス部、ネット販売部でも1年間限定で「分析テーマ発表会」を開いた。それぞれが業務上の成果を分析して報告するという内容だった。「結構深いテーマが多くて、もちろん少しあらは見つかったんですが、私は絶対にけなさず、褒めまくった。そしたら、皆やる気になって、得意だと思ってくれるようになった」（土屋氏）。

もう1つ大きかったのは、社長を巻き込んだこと。「単品管理プロジェクトチームと名づけて社長（＝栗山社長、当時）をリーダーにした。経営会議も、社長がリーダーシップをとって進める。会議中は、私や情シス（情報システム）担当は発言しちゃいけない、社長がどんなに間違ったことを言っても、その場で訂正しちゃいけない、絶対口を開いちゃいけないという会議を2年ぐらいやった。間違っても後から社長の口で訂正してもらう。コンサルをやっていたので、間接話法で裏方に徹するのは慣れていた。やっぱり社長を立てたら、結構うまくいきましたね」（土屋氏）。

社長のためにレジュメを作成し、「この2ページをそのまま読んでもいいから、会議では漏らさずに言ってほしい」と頼み込んだ。まるで政府の答弁みたいだが、「それでも、やっぱり社長が言うと重みが全然違う。私が間違って書いたがために、間違ったことを言ってしまったこともあったけど、それはそれで『まあ、いいか』と」（土屋氏）。

一方で土屋氏は、自らは表に出ず水面下で、データ経営の前提となる土俵整備に乗り出していた。その1つが「在庫数量のデジタル化」だ。契約書や受発注書、納品書、請求書など、企業間のビジネス文書を、インターネットを介して電子的にやり取りするＥＤＩ（電子データ交換）を導入し、全取引先と契約を結んだ。全くのゼロから始めたので骨が折れたが、これにより、在庫数量が完全に「見える化」された。

部長陣にも役割分担をして手伝ってもらった。「EDIは進んでいるのか、データ教育はどうするのか。継続的に進捗状況を報告してもらうなど、結構草の根でやったんですよ。栗山社長とも、週に1回、30分間ぐらいじっくりと話をして危機感を共有した。やっぱりさすが社長で、よく分かってくれた。データ経営は、すぐにはできないけど、5年、10年でやろう、ということになった」（土屋氏）。

しかし、5年、10年どころか、土屋氏も、予想だにしなかったペースで、アナログワークマンはデジタルワークマンへと変貌を遂げる。「2年も経てば、データがかなり集まった。単品管理の基礎となるEDIが、まさかこんなに短期間で100％達成できるとは思わなかった。ワークマンは、社長がやれと言えば、やる会社だった」（土屋氏）。

ワークマンはこれまでもデータがなかっただけで、着実に成長を重ねていた。「だいたいこのぐらい在庫があるという勘と経験だけで経営して、毎年増収増益でしたから。運営能力は本当にすごかった」（土屋氏）。そこにデータという強力な相棒が加わった。ワークマンプラスがあれだけ短期間で成果を出せたのは、データによる裏付けあってのことだった。

ワンタッチで「仕入れ完全自動化」

ワークマンは、およそ半数の店舗に「完全自動発注システム」を入れている。一括発注ボタンを押すだけで、売れ筋の商品が届き、あとは品出しするだけで売り上げが伸びるという画期的なシステムだ。仕入れは小売りの命であり、最も重要な業務である。その仕入れすらも、完全自動化することに成功したのだ。

ワークマンは、100坪（330平方メートル）の店舗に1700種類のアイテムを並べ、さらにサイズや色違いを含めれば、9000SKU（品目）をそろえる。「9000SKUというのは、ニトリの中型店舗並み。それを100坪で扱っているのは、結構すごいこと。しかし、その分、7割の商品は1個しか置けない。店舗に10個以上同じものがあれば、統

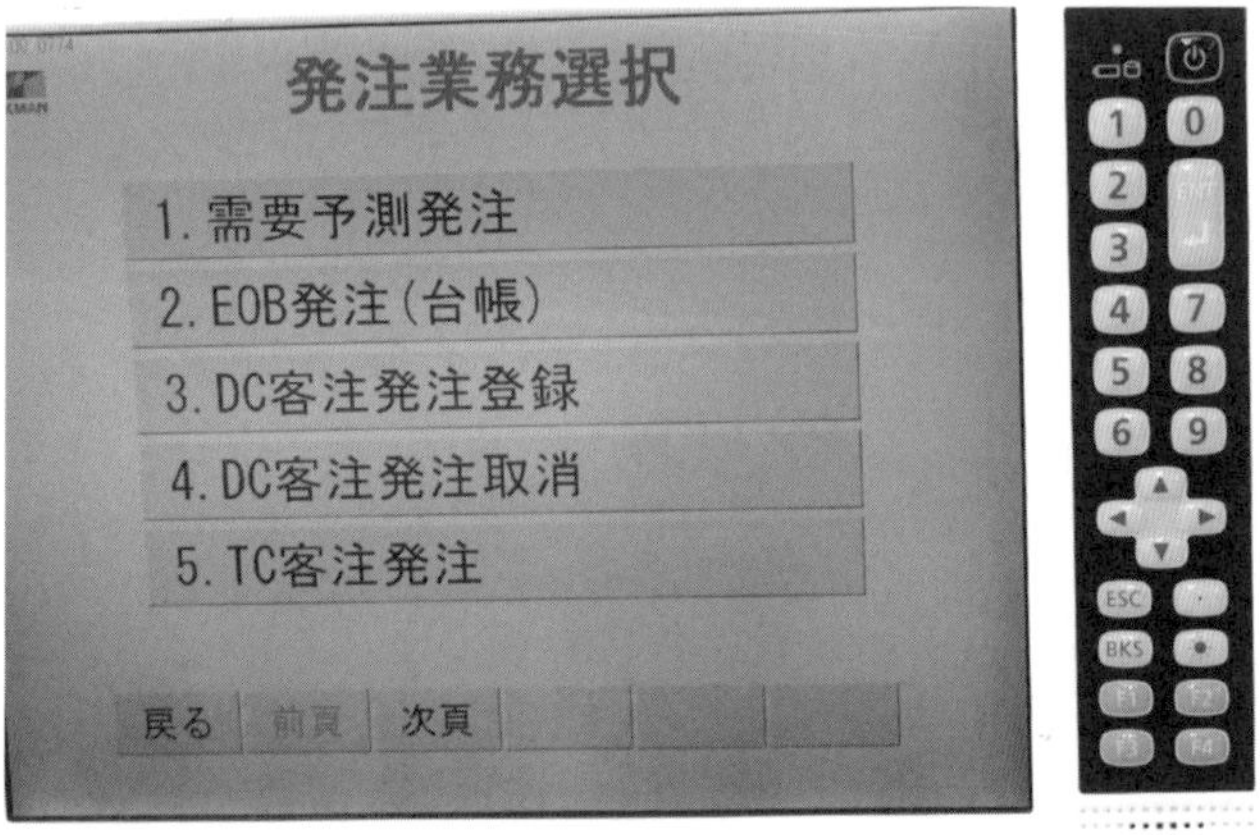

店舗には上記のようなタブレットが配られており、「需要予測発注」を選んで画面に沿ってタップしていくだけで、一括発注できる

計が使えるので、どのくらい売れるかという予測は立ちやすいが、1個しかないものが売れるかどうかを当てるのは、かなり難しい」(土屋哲雄氏)。

一般的な統計ロジックが使えないため、独自の計算式で在庫をコントロールしている。直近28日間の販売累計に応じ、月販4個以上売れる商品と月販3個以下の商品に分け、理想的な在庫量をはじき出す。そこから前日の店舗在庫を差し引いた商品数を「確定発注数」として、毎日18時半に店舗へ開示している。店長が一括発注ボタンを押せば、この確定発注数の分だけ商品が届く仕組みだ。

このシステムは、市販のパッケージソ

フトをベースにしているが、需要予測のアルゴリズムだけはエクセルを使って内製化した。そして、予測の精度を高めるため、設定条件は、こまめに見直している。専任担当が社内に5人いて、週に1回、アルゴリズム検証会議を開催。「エクセルで自分なりに計算し、この在庫設定は少し甘いのではないか、在庫が多すぎるのではないかと、5人が対等の立場で話す。アルゴリズムは加盟店に利益をもたらすシステムだから、上司も部下もへったくれもない。毎週、バトルをやっていますよ」と土屋氏は語る。

設定は、全国一律ではない。店の立地によって、売れ筋の商品構成は大きく変わるからだ。「例えば、九州に行くと作業現場で白い長靴を履く人が多い。関東で白を履く人って、私は給食の調理師さんぐらいしか見たことがないけど、九州の店には白い長靴を入れなきゃ駄目なんですよ。お客さんが必要としているので」（土屋氏）。

気候条件も考慮している。ワークマンは、全国を20の気候パターンに分け、店ごとに販売実績と連動させてデータを読み解いている。これが「気候クラスター分析」だ。「例えば、東北でも雪が降る地域は長靴がいっぱいいる。普段使いの長靴と、よそ行きの長靴があって、農協の会合に行くときはよそ行きの長靴を履くとか、本当に我々の知らない世界がいっぱいある」（土屋氏）。気候パターンだけは、エクセルでは分析が難しく、米ＳＡＳインスティチュートの統計パッケージを使っているという。さまざまな条件を変数と見て、最適在庫をはじき出しているのだ。

実際に、完全自動発注システムを導入した店は、未導入店と比べて売り上げが伸びている。「最低でも3％、平均4〜5％、好調なときは5〜10％（未導入店よりも）上振れしている。在庫の質もいい。要は、変な在庫を残していない。まっ黄色な柄とか、サイズも3LやSではなく、MやLが残っている」（土屋氏）。未導入商品発見ファイル（68ページ）も併用し、売れ筋の商品が優先して届くようになっているため、常に理想の品ぞろえを保てる。死に筋の在庫が少ないのだ。これこそ、データ経営のたまものである。

勘と経験がものをいう「勘ピュータ経営」のときは、店長側にも、自分が仕入れたもののほうが売れるという自負があった。「本部の言うことを聞いて仕入れたら、かえって損した」「本部の指導を聞かないほうがもうかる」という声がずいぶん聞かれたという。しかし、今は違う。

「今は本部で在庫の動きを全部見ていますから。店長がいくら頑張って自分で仕入れをするより、新人の店長が訳も分からず、一括発注ボタンを押すほうが、よっぽど売り上げがいいんですよ」（土屋氏）

ＳＶと店長の関係も変わった。「昔は、ＳＶが店長のご機嫌を取ったり、売り場の改造を手伝ったりと、人間関係で貸し借りつくって『この商品を入れてください』とやっていた。今はＳＶが『他の店はこれだけ売れているので、これを入れないと毎月３０００円損しますよ』と理詰めで商品を薦める。本部の方針に反対していた店長も、もうけ話には乗る。数字をべらべら出すと、なるほどと言って発注してくれるんですよ」（土屋氏）。

実際に試してみたことがある。「ｄ３」という分析ソフト（65ページ）を導入して半年がたったころ、土屋氏は、ＳＶ業務がどう変わったのかを調査した。ＳＶ部の１１０人（当時）を対象に、データベースをどれだけ活用しているかという基準でランキング化し、１位から10位のＳＶと、１０１位から１１０位のＳＶと一緒に店舗回りをしたという。結果は歴然としていた。上位10人は、数字を使って店長を確実に説得していた。

やはり、勘による仕入れでは再現性に乏しい。「店長が3カ月にいっぺんしか来ていない客とたまたま親しくなって、その人が買うものを10個仕入れちゃうと、3年間たっても売り切れない」（土屋氏）。売り場には限りがあるのに、無駄な在庫を抱えてしまうことにつながる。だから、まずはデータで判断するという価値観を、社内で共有したのだ。

システムは「まず100のうち10でつくってみる」

実は、現在運用している自動発注システムは、第2世代に当たる。初代モデルは、セルワンバイワンという実に原始的なシステムだった。1個売れたら、同じ商品を必ずもう1個入荷する仕組みで、数千万円を費やし、SVや店長の練習用にと導入した。定番品や通年品はセルワンバイワンで問題なかったからだ。ところが、季節品ではそうもいかない。

「例えば、冬物で3月に1個売れたからといって、もう1個入れちゃうと大変なことになる。そのまま余って在庫になる。だから、ピーク時まではセルワンバイワンで、ピークを過ぎたら発注をやめてしまえとか。夏物なら、7月以降はもう補充しちゃ駄目だとか、季節ごとに設定していた」（土屋氏）。SVも店長も慣れたのを見計らって、アルゴリズムを搭載した完全自動発注システムに移行したのだ。

しかし、このシステムもまだ進化の途上だという。次の第3世代で盛り込むのはシミュレーション機能だ。ある商品の在庫を減らすなど、設定値を1個変えるごとに、全体の売り上げがどう影響が出るかを分析できるようにする。それだけではない。「20の気候クラスターを1店1店設定するのは面倒なので、20種類のコードをつくって一度に設定ができるとか、使い勝手のいい機能を追加する」と土屋氏は言う。必要な機能を20、30個リストアップし、あとはメーカーの日立製作所に丸投げしてつくってもらう。ただし、完全にメーカー側の言いなりにはならない。

ワークマンには根っからのエンジニアはいないが、データ分析講習などを通じて、「営業担当をずいぶん鍛えた。最終的に仕様書だけ書いて、超丸投げするにしても、やっぱり自分で原理が分かっていないといけない。何をつくりたいかだけははっきり言えるようにと指示している。自分で模擬環境をつくって実験してみて、うまくいったら、初めてシステム化している」（土屋氏）。この第3世代のシステムは既に完成のめどが立っており、2021年3月をめどに導入に踏み切る計画だ。いよいよ完全自動発注システムが全店に行きわたるようになる。「例えば、店長が一括発注ボタンを年に200回押せば、褒賞金を10万円出すとやると、かなり普及する。このシステムを使うと、それだけ店の品ぞろえがよくなる。欠品が減るので、お客様の利便性を高めることにもつながる」（土屋氏）。

しかし、この第3世代も5年ほど使い続けた後に、また次のバージョンに切り替えるかもしれないという。「ワークマンは、情報システムの導入にはそれほどお金をかけないが、改良や追加開発はがんがんやる」（土屋氏）。

なぜなら、追加した機能は確実に使うからだ。その代わり、最初はスモールスタートに徹する。「機能が100個あるとしてまずは10個ぐらいでつくってみる。足りなかったらさらに機能を10個追加する。10個でつくって20個に増やせば、この20個の機能は完全に使う。ところが、最初から100個でつくっちゃうと使わない機能が80個もある。メーカーさんは、会社の業務が分かっていないので、結構でたらめにつくる。追加開発にはお金がかかるが、100個つくって80個使わないよりは、10個つくって10個足したほうが安いと割り切っている。完璧なものはつくらなくていい。情報システムは、実際にデータを入れて使えるかどうかをテストする方が大変。とりあえずトライアンドエラーで10年、20年かけてちゃんとしたものをつくる。その代わり、最終的には完璧なものをつくって業界ナンバーワンを目指す」と土屋氏は意気込む。

ローマは1日にして成らず、と言う。情報システムも、一朝一夕で完成しないのは、システム統合に19年もの歳月をかけた、みずほ銀行の例を見ても分かる。「完璧を追い求めすぎると駄目なんです。それなのに、ITを過信しちゃう経営者が多い。DX（デジタルトランスフォーメーション）とかバズワードばかりに乗っかって、揚げ句の果てに思い通りに実現できないから、CIO（最高情報責任者）を何人もとっかえひっかえする。これが一番悪い。『ITは苦手だから全部任せる』という経営者のほうが正直で失敗しない。ITを使って、業績を伸ばして本当に会社のエンジンになったのはGAFA（グーグル、アップル、フェイスブック、アマゾン）ぐらいじゃないですかね」（土屋氏）。

土屋氏がワークマンのCIO職に就任した頃、実はベイシアグループ全体のCIOも兼務していた。「今はもう忙しくて時間がないけど、当時は暇でしたから。グループ全体も見て、10年間で何をやるかという計画を立てた。（前職のときに）コンサルをしたその手法を、そのままベイシアグループ全体のIT投資のプランニングに生かしたんです」（土屋氏）。

土屋氏は、入社後しばらくは、あえて自らは表に出ない雌伏のときを過ごした。「あまり目立たないようにじっくりとインフラをつくった。それはそれでプロ、本職ですから」（土屋氏）。さらっと放った言葉に、データ屋としての矜持《きょうじ》が透けて見えた。

出店も加盟店募集も「ＡＢテスト」

作業服専門店発の新業態「ワークマンプラス」。記念すべき1号店を開いたのは、多摩都市モノレール立飛駅直結のショッピングモール「ららぽーと立川立飛」（東京都立川市）だった。立川に店を出したのは、季節の変わり目である２０１８年の9月。ワークマンにとっては、一番売れ行きが伸び悩む時期だった。恐る恐るの出店だったが、これが記録的なヒットとなった。続く2号店は一転して、路面店だった。18年11月8日、川崎市多摩区の府中街道沿いに川崎中野島店を出店。90坪（約３００平方メートル）の売り場には、一般客向けのアウトドアウエアに加え、プロ仕様のスタイリッシュな作業着も並べた。

そして同月22日には、再び商業施設内にららぽーと富士見店を出店。50坪（１６５平方メートル）の小型店で、扱う商品も一般向けに絞った。タイプの異なる店を立て続けに出したのも、売り上げの差分を見たかったからだ。「同時期に2店舗出すと実験ができる。すべてがＡＢテストだ」と土屋哲雄氏は狙いを語る。

同時期に出店し、差分を見る

短期間に、ららぽーとに2店出店したのも差分を取るためである。家賃の差がどれだけ売り上げに影響するかを見たかったのだ。ＡＢテストはその後も続いた。ワークマンプラスへ全面改装するのがいいのか、それとも看板や内装の一部のみを変更する部分改装がいいのか。立地だけでなく、売れ行きもバラバラの店を選び、やはり同時期にリニューアルオープンして、差分を取った。改装費に対して、どこが一番元を取れるか。どのタイプの店が一番伸びるかを見極め、今後、改装する店とその手法を絞り込んでいったのだ。

「結局、部分改装のほうが（投資額に対する）コスパがよかった」（土屋氏）。例えば、同じ作業服でも普通に並べればただの作業服だが、マネキンに着せるだけで、ワークマン色はかなり弱まり、アウトドアショップに見える。看板を変え、マネキンや什器を入れる程度なら、改装費は500万円ほどで済むという。

「全面改装したら売り上げは前年比で100％アップ、つまり2倍になる。部分改装だと、せいぜい25％から30％アップにすぎない」（土屋氏）。しかし、たとえ部分改装でもワークマンプラスに看板が変わっただけで客足が伸びるのは確かだ。加えて周辺の既存店の集客も底上げされる。さらに昔からの固定客と、新しい一般客は共存できることも見えてきた。「朝の7時から10時までがプロ客（職人客）で、10時から17時までが一般客。17時以降がまたプロ客と、来店する時間が分かれている」（土屋氏）。ＡＢテストで得られたさまざまなデータを加味して、既存店の部分改装を一気に推し進めることにした。

20年3月末には、新規出店や全面改装分も含め、ワークマンプラスは175店舗まで積みあがっていた。驚くべきスピードだが、決して無理をしたわけではない。残業させないために、業態転換はすべてマニュアル化し、外部の業者に託した。そうすることで、社員は開業前日に顔を出すだけでいいようにした。「お金はかかったが、お金で済むぐらいなら別にいい。（ワークマンプラスの）1号店をつくるまでは大変だったが、あとは、ほぼ何もしないで広げられた」（土屋氏）。

利益を加盟店に分けたい

ワークマンプラスへの業態転換を加速したのは、別の理由もある。「繁盛店を少数つくるよりは、加盟店の皆さんにワークマンプラスの利益を分けたほうがいいと思った。必死で頑張っているのに、立地が悪いといった理由で、売り上げが伸びない店はどうしてもあった。そういう店ほど、おわびの意味も込めて、優先的に改装したかった」（土屋氏）。

実際に、全国で一番売り上げが悪い店を選んで全面改装に踏み切ったところ、全国でトップクラスの繁盛店になったという。「ただし全面改装は、そんなに数をこなせない。だから、部分改装にしてたくさんやることにした。利益がみんなに行きわたるように、社会主義的にやった」（土屋氏）。

改装費用はすべて本部が持つ。だから、店長からすごく感謝されたという。「ビジネス的にはうまみが少ないかもしれないが、店の売り上げが上げれば、店長もうれしいし、（店舗指導に当たる）SV（スーパーバイザー）も会社も気持ちがいい」（土屋氏）。

しかし、既存店のうち約100店舗は、どうやってもワークマンプラスにはできない店があった。職人客の割合が極めて高く、改装すると駐車場の回転率が悪くなり、かえって売り上げが落ちてしまうのだという。職人は仕事の前後にさっと立ち寄り、目当ての商品を買ってすぐに帰る傾向がある。土屋氏いわく、職人客は、一般客と比べて駐車場の回転率が3倍いい。そう言い切れるのは、過去にフィールドワークを重ねたからだ。

駐車場でもフィールドワーク

12年から13年にかけて、土屋氏は時間を見つけては加盟店を巡り、店先に立った。駐車場の利用率を、自らの目で確かめるためである。

「例えば、夕方の17時に行ってどのくらいクルマで埋まっているかを観察した。1人で来た場合、相乗りして2人で来た場合、3人で来た場合に滞在時間はどうなるか。そういうデータを自分で取って駐車場の回転率を割り出した。その頃は暇でぶらぶらしていましたから。1時間でも2時間でも立っていられた」(土屋氏)

こうした調査を、場所を変えて何度も繰り返した。これもある種のABテストである。駐車場がすぐに満杯になる店もあれば、自転車ばかりで一向にクルマが来ない店もあった。駅からの距離や、周辺の住環境によっても、駐車場に必要な適正台数は変わる。あるとき、あまりに食い入るように駐車場を眺めていたら、変質者と間違われて職務質問を受けた。「ノートを見せて『調査しています』と言ったら、『ご苦労様です』と返された。分かってくれたからよかったですが、隣には小学校があったから、『なんか怪しい人がいる』と通報されたんじゃないですか」（土屋氏）。

出入りするクルマの滞在時間を地道に記録し、「西松屋はなぜあんなにも広い駐車場を持っているのか」と時には他店も分析した。そして、職人客だけならば駐車場は3、4台あれば回ると結論づけた。しかし、ワークマンプラスが予想以上にヒットし、状況は一変した。職人客に加え、一般客も訪れるようになり、駐車場がパンクし始めたのだ。

現在は、ＰＯＳデータから駐車場の利用率を予測している。例えば、ロードサイドの路面店ならば、レジの通過人数を時間帯別に割り出し、購入者全員がクルマで来たと仮定すれば、おぼろげながら駐車場の利用状況が見えてくる。結果、可能な限り駐車場を広げる方向へかじを切った。「これまでは１００坪（３００平方メートル）の店に駐車場10台を標準としてきたが、今後は20台以下の新店はつくらない。40台、50台あってもいい」（土屋氏）。前提条件が変われば、大胆に判断を変えることもいとわない。それもデータ経営のなせる業である。

加盟店募集の「最強キャッチ」を考える

ワークマンは、加盟店の募集広告でもＡＢテストを重ねている。「ゆったり勤務がいいのか、がつがつ稼げるとアピールするのがいいのか。毎週少しずつ表現を変えて、最強のキャッチフレーズをつくっている」（土屋氏）。

文面は、他ならぬ土屋氏が書く。ポイントは、ご当地情報を盛り込むことにあるという。「地元の通りの名前とか、隣のラーメン屋が繁盛しているとか、行ったことがある人じゃないと絶対に書けない情報を盛り込む。そうすると、書いてあることが嘘じゃないと分かってもらえる」（土屋氏）。

例えば、20年冬にオープンを予定する北海道の「ワークマンプラス函館花園店」には、こんな紹介文が書かれていた。

「道南のＷＯＲＫＭＡＮ Ｐｌｕｓ １号店の北斗七重浜店は記録的な開店売上となりました。函館花園店は道南のＰｌｕｓ ２号店です。１号店は広域から集客できて有利ですが、花園店は環状線沿いにあり、立地と交通量でかなり優っています。両店は商圏を東西で分け合い、甲乙付けがたいライバル店になる見込みです。北海道はWORKMAN Plus人気が全国でも突出していて、全てのPlus店が初年度から空前の繁盛店になっています。ご興味のある方はぜひ七重浜店の盛況ぶりをご覧下さい。開店時にはレジ待ちの行列のできる人気のPlus店のため、加盟希望者が多いです」（原文ママ）

一方、20年秋に開業予定の大分県の「ワークマンプラス鶴崎森町店」には、こうあった。

「森町店は県下のWORKMAN Plusの『旗艦店』になります。市内で先行したワークマン大分大在店は全国でも売上がトップ5に入る既存店です。森町店は飲食店や物販が立ち並ぶ賑やかな通り沿いで、通行量も多く立地的には大在店より優れています。このため『超』繁盛店になることを見越して、店舗面積100坪・駐車場10台の標準店ではなく、120坪・駐車場25台の『大型店舗』にしました。Plus店だと滞店時間の長い一般客が半数を占めるので、広い駐車場が必要です。時間が経つと固定客になりやすく滞店時間が短いプロ客が増えてきます」（原文ママ）

このようにデータ分析の結果を惜しみなく披歴して説得力を上げながら、店ごとにかなり内容を書き分けているのだ。ご当地情報を盛り込むため、1泊2日で現地取材することもある。なぜ、募集広告にここまで熱を入れるのか。そうしないと、社員の仕事が増えるからだという。「ワークマンが低成長だった頃は、店長がなかなか見つからなかった。店長が決まらないと社員が店長を務めないといけない。そうすると、残業が増える。これはまずい。ワークマンはがつがつやっちゃいかん会社なので、残業なんか、させちゃいかん。だから、残業を減らすために、キャッチを考えるんですよ」（土屋氏）。

ゆとり経営からがつがつ経営へ

少し前までは「ゆとり経営」をアピールするのが、ベストだった。「夫婦で時間を分担し、旦那さんは7時から10時と15時から20時に店に来て、昼間は奥さんが店番をし、15時になったら子供を幼稚園に迎えにいく。そういうのが響いた」（土屋氏）。

しかし、今やゆとりというと、嘘になるという。来店客が急増したからだ。7～20時の1日13時間営業で、年間休日が22日ありながら、1店当たりの平均年商は約1億3800万円（20年3月末時点）まで伸びた。繁盛店が増えたこともあり、現在は、稼げることを前面に押し出したほうが、店長が集まるようになった。

「『最寄りの〇〇店を見てください』というのが一番受ける。ワークマンプラスの新店は必ず売れるし、売り上げは昔の2倍になりましたから」（土屋氏）

働き方改革の流れを受け、ワークライフバランスを重視していることも、店長募集の引きになっている。「5分前に来て、5分後に帰れる」「一括発注ボタンを押すだけで仕入れが完了する」「店休日を年間4日増やした」「契約更新率が99％」。こうした言葉が、ストロングポイントになった。何事も実験し、差分を取って、改善していく。それがワークマンの強さの源泉になっている。答えは常に、現場に転がっているのだ。

日本初「善意型サプライチェーン」の革命

ワークマンの異端ぶりは、物流網にも表れている。日本初のシステムを形にしたのだ。その名も「善意型ＳＣＭ（サプライチェーンマネジメント）」。ＳＣＭとは、調達から販売、在庫管理に至るまで、サプライチェーン全体の最適化を図ること。中でも、ワークマンが命名した「善意型」とは、どれだけ納品するかという判断をメーカーにすべて委ねているのが特徴だ。

メーカーが生産した分は、ワークマンが無条件ですべて買い取る。商品が倉庫に届いた時点で全量分の代金をメーカーに支払い、ワークマンに所有権が移るという仕組みである。小売り側が仕入れたい数量を発注し、メーカーが生産するのとは、全く真逆の流れだ。

この善意型SCMを考案したのは、土屋哲雄氏である。なぜこの方式を採用したのか。それは、メーカーのほうが情報優位の立場にあるからだ。土屋氏がサプライチェーンに手を加えるまで、ワークマンでは慣例的に入社3、4年目の若手社員がメーカーへの発注業務を担っていた。しかし、メーカー側の担当者は入社10年、20年のベテランで、ワークマンだけでなく、他の小売店との取引経験も豊富だ。サプライチェーンに関しては、若手社員が到底太刀打ちできない知識とノウハウを持っている。それならば、メーカーから見て確実に売り切れると判断した数量を自主納品してもらうほうが、効率がいいと考えた。

どれだけ製造するかを決める判断材料として、ワークマンは社内のデータをすべてメーカーに開示している。全店舗の売上高や在庫情報、倉庫の在庫・出荷・入荷量、さらには自前の需要予測システムがはじき出した推奨出荷量まで、本来なら機密事項に当たりそうな情報を、大胆にオープンにした。

「納品を全部任せて、全部引き取って、一切文句を言わない」(土屋氏)。先方に少しでも悪意があれば、過剰在庫をつかまされてしまいそうだが、無条件で買い取るからこそ、メーカー担当者は責任を感じて、ワークマンの立場にたって最善の納品をしてくれるのだという。返品リスクがないため、メーカーも安定した売り上げを確保できる。ワークマン側も「欠品が減ったし、在庫回転率も上がった。うちも、メーカーも、お互い得した」と土屋氏は成果を誇る。

ジャストインタイムではなく、買い取り型で勝負

実は、メーカー中心のサプライチェーンは以前から存在していた。VMI（ベンダーマネージドインベントリー）という。ベンダー、つまり製品を納めるメーカー側が在庫を管理するシステムを指す。小売り側が在庫や出荷、販売情報をメーカーと共有し、メーカーは、売れ行きを見ながら品薄の商品を補充する。小売りにとっては必要な量をジャストインタイムで仕入れることができ、在庫の削減につながる。メーカー側も店頭在庫の欠品による販売機会の損失を防ぐことができる。双方にメリットがある仕組みなのだ。

しかし、VMIはメーカーが納品先の近くに倉庫を構え、在庫を持つ必要がある。通常、倉庫からの出荷時に所有権が納品先へと移転して支払いを受けるため、メーカーの在庫負担は大きい。一方、ワークマンの場合は、メーカーがワークマンの倉庫へ納品した時点で全量を無条件で買い取るため、メーカー側の負担は格段に少ない。

確かに、ジャストインタイムの有効性は、トヨタ自動車の生産方式で証明されている。必要な部品が必要な量だけ最適なタイミングで生産ラインに届けられるため、トヨタは在庫を抱えることなく、必要な数量だけ生産できる。しかし、トヨタにとっては無駄がない仕組みだが、下請け企業から見ると、小口で何度も部品を納品するため、必ずしも効率的とは言い難い。大手コンビニチェーンもジャストインタイムで商品を出荷しているが、本部の権限が強く、売り逃し（機会損失）が発生した暁には、メーカーに厳しいペナルティが課されることもある。そのため「メーカーは過剰に在庫を持ち、売れなかったら廃棄するという『ムチのSCM』がまかり通っている。結局、VMIというのは中心企業には効率的でも、周辺企業には不効率だ」と土屋氏は指摘する。

「コンビニのようにムチのSCMではなく、お互いにウィンウィンになれるサプライチェーンをつくりたい」。そう考えて生まれたのが、善意型SCMという仕組みだった。ワークマンは国内31の主要メーカーとの間で、全量買い取りを約束している。31社のうち実に9割が20年以上の付き合いで、ワークマンのことをワークマン以上によく知っているからこそ、生産を任せられるのだ。「やっぱり、サプライチェーンはメーカーを変えてはいけない。うちの場合は特に善意でやらなきゃいけないので、信頼関係がないと駄目。1年、2年では絶対駄目で、10年ぐらい付き合ってようやく呼吸が合う」（土屋氏）。

善意型SCMを矢印で示すと、次のような流れになる。

国内メーカー（自主納品）→　ワークマン本部　（全量買い取りして自主納品）→　加盟店　（全量買い取り）

メーカーが自主納品し、ワークマンが全量を買い取る。そしてワークマンの本部が需要予測データなどに基づいて供給量を決め、加盟店に自主納品する。それを加盟店が全量買い取る。ポイントは、情報優位者が納品数を決める仕組みになっている点だ。情報量の多い側から少ない側へ、上流から下流へ商品が流れていくため、欠品率が下がり、最適在庫を確保できるというのだ。

加盟店がワークマンの本部に出す発注は「完全自動発注システム」により、一括発注ボタンを押すだけの簡単操作で自動化している（77ページ）。一方、国内メーカー向けの発注システムは、「需要予測アルゴリズム研究会」という名の勉強会から生まれた。

メンバーは土屋氏と、ワークマンと同じくベイシアグループに属するスーパーマーケット「ベイシア」、ホームセンター「カインズ」の担当者、流通経済研究所、そして土屋氏がかつて勤めた三井情報のアルゴリズム担当者である。ワークマンを含むベイシアグループ

3社の3年分のPOSデータや、倉庫からの出荷データを持ち寄り、2年分のデータを見て、3年目の出荷を当てるというのを繰り返した。商品は出荷済みのため、予測が実際とどれだけ乖離《かいり》したかが分かる。この結果を基に、三井情報がアルゴリズムを組み立てた。

本部から加盟店に納める商品の需要予測とは異なり、こちらはそれほど精度を重視しなかった。目指したのは、誤差プラスマイナス20％。「ぴったりと当たらなくても、大きく外れることはない」というシステムだ。ワークマンは年に4回、季節ごとにしか商品が変わらないため、プラスマイナス20％でも十分だと判断した。「回転が遅いので、高い精度は必要ない。食品スーパーみたいに毎日在庫が入れ替わると大変だが、うちは店舗に90日、商品を置いていいわけですから」（土屋氏）。全量買い取りのため、ざっくりと需要を予測できればいいと割り切った。

生かされた商社時代の「副業」

この前例なきサプライチェーンは、土屋氏の商社時代の経験が下敷きになっている。

1999年、三井物産の経営企画室次長だった土屋氏は、サプライチェーンカウンシル（S

CC）という米国の団体が設立した日本支部のチェアマンに就任した。当時は、まだ日本にSCMという概念が広まっていなかった。NECやヤマハなどの会員企業と共に、SCCが構築したSCMの定義や評価手法を日本語に翻訳するという地味な勉強会を開催していた。

「名誉職だと言われて、名前を貸すだけのつもりで始めたんですけど、本気になっちゃって。面白くなって、活動にのめり込んだ」（土屋氏）。日本にSCMを普及させるため、ホテルを借り切って「サプライチェーン・ワールド・ジャパン」なる日本初の本格イベントを主催したこともある。協賛会社から200万円、参加者から1日1万円を集め、数千万円規模の大イベントになった。

しかし、あくまでも本分は、商社の仕事。三井物産の経営企画室はかなり忙しかったため、通勤の行き帰りを利用して専門書を読みふけった。「サプライチェーンの勉強は副業のつもりだった。1年間で364日働いていたが、人間、忙しいときのほうが勉強するんですよ」（土屋氏）。

このとき善意型SCMというアイデアは頭の片隅にあった。しかし、立場上、自分から動くことはできなかった。「隔靴掻痒のもどかしさがあった」（土屋氏）。いつか自分で考えたこの理想的なSCMを実現したい。心の中でそう強く思っていたという。

10数年後、いよいよそのときが来た。創業者で叔父である土屋嘉雄会長（当時）から入社の誘いがあったのだ。「何もしなくていい」と言われた（22ページ）とき、ひらめいたのは、ずっと寝かせていたSCMの実現。「サプライチェーンならインフラであまり目立たない。ちょうど良いと思った」（土屋氏）。中国の仕入れを担当しようとも考えたが、「仕入れは商品部でもできるが、全く新しい概念でサプライチェーンをつくるのは自分にしかできない」と意気込んだ。

ここでも商社時代に学んだ貯金が役立った。「ワークマンに入ってから勉強したことは1個もない。当時は、本気で勉強していたので、やりたい絵は結構描けていた。前任者もいなかったので、その絵の通り描いたら、その通りになった」（土屋氏）。入社して2年間、思う存分、「善意型SCM」の構築に専念した。

当時、ワークマンの客は職人がほとんどで、売り上げに占めるPB（プライベートブランド）の比率は5％程度だった。国内メーカーの既製品を仕入れて売るのがほとんどだったため、善意型SCMの対象も、すべて国内メーカーだったのだ。

しかし、ワークマンプラスがヒットした今、PBが売り上げに占める割合は半数を超えた。そしてPBの生産はほぼ海外のメーカーに委託している（111ページ）。善意型SCMも海外企業と結ぶ必要が出てきたのだ。

「よく中国のメーカーはドライだと思われがちだが、10年近くも付き合っていると、こちらのことを結構考えてくれる。だから、海外も同じ善意型の仕組みで行けちゃう気がする」（土屋氏）。例えば、土屋氏が、靴の生産を委託している中国の工場に行ったときのこと。ワークマン向けの商品が工場の2階に積んであった。「中国の常識から考えて一瞬、どこかに横流ししているんじゃないかと思った。それはもう、怒りそうになったが、話を聞いたら、うちのために1カ月分はつくり置きしているとのことだった。新型コロナウイルスもそうだが、今は何が起きるか分からない。こっちがお願いしなくても、やってくれるのは、本当にありがたい」（土屋氏）。それだけ信頼関係が築けているのだ。

ワークマンは、海外生産分のうち中国の工場が3分の2、残りは東南アジアの工場と契約し、素材や工程ごとに分業体制を築いている。しかし、その顔ぶれは、ほとんど変わっていないという。「新しいメーカーは別として、主なメーカーとは、もう10年ぐらい契約している。だから、国内メーカーと同じ原理で、海外メーカーとも発注書がなくても生産した分は、全部引き取る。廃盤にするんだったら、少なくとも1年以上前に言う。それだけで行ける気がする」（土屋氏）。

群馬県伊勢崎市に新設した「伊勢崎流通センター」

もともと海外との取引では、1年を通して着られる通年品を除き、年に1回まとめて納品されるケースが多かった。「工場の閑散期を狙ってどかんとつくってもらい、いっぺんに入ってくる」（土屋氏）。既に「善意型」に近い形で運用されているのだ。

全量買い取りができるのも、在庫を大量に保管できる大型倉庫があるからだ。メイン倉庫は、流通センターという名前で、群馬県伊勢崎市と滋賀県竜王町にある。伊勢崎市にはもともと7140坪（約2万3600平方メートル）の流通センターがあり、17年に1万坪（3万3000平方メートル）の新流通センターが稼働

滋賀県竜王町の「竜王流通センター」

し、2棟体制に増強された。

しかし、この新流通センターは近々拡張工事に入り、面積を1・6倍に広げる。旧流通センターも棚を移動式にして通路をなくし、収容能力を引き上げた。さらに、竜王と同規模の大型倉庫を神戸に借りた。西日本への出店が伸びているからだ。この3拠点以外にも使用中の外部倉庫が十数カ所あるという。「こんなに売り上げが伸びるとは、誰も思っていなかったから、もう足りなくて、足りなくて」（土屋氏）。それでも買い取った商品は、ほとんど売り切れているという。増え続ける需要をしかと受け止め、これからもメーカーと二人三脚で、安定供給に挑む。

第3章

ものづくりは売価から決める

打倒Amazon！「原価率65％」への執念

知られざる超人気刊行物がある。ワークマンの商品カタログだ。発行部数は約40万部。春夏と秋冬で商品を入れ替えるため、年間80万部を発行している。

このカタログはインターネット上でも公開しており、「ネットではそれ以上の方が見ている。しかも全100ページほどのうち8割のページが読まれている」。こう語るのは、土屋哲雄氏だ。カタログがここまで熱心に読み込まれている企業は、日本広しといえどもそうそうないだろう。

例えば、2020年の春夏カタログを開くと、「裏地トリコット」「耐久撥水《はっすい》」「放熱冷感」「ハニカムメッシュ」「立体成型」「消臭アニエール加工」など、一般にはなじみが薄い専門用語があちこちに躍る。遮熱、冷感、放熱、通気、ストレッチなど、すべての商品に何らかの機能が加えられており、そのどれもが例外なく安い。「ICE ASSIST（アイスアシスト）」と書かれた半袖Tシャツは、放熱率89・8％。素早く熱を外に逃がしながら、触るとひんやりする「接触冷感」と呼ぶ機能を盛り込んだ。価格は499円（税込み・以下同）とワンコインに満たない。

土屋氏は「目指すは原価率65％」と公言してはばからない。原価率とは売価に占める輸入価格や仕入れ価格の割合のこと。つまり、原価率が高いほど消費者にとってはお買い得ということになる。65％というのは、アパレル業界ではあり得ないほど高い数字だ。19年10月に消費税率が8％から10％に引き上げられた際も、ワークマンは価格を据え置き、増税分を吸収する道を選んだ。実質2％の値下げとなり、これにより、原価率は目標の一歩手前となる64％まで高まった。

「同質な競争をしちゃ駄目だ。消耗戦になって、残業が増えてつまらない世界に入る。うちは、Amazonに定価で勝てる、価格.comで一番になるものづくりしかしない」（土屋氏）。ダントツに安いが、安かろう悪かろうではない。しっかりと品質や機能性を保証する。それがワークマンの生命線であり、だからこそ、多くの職人に愛されてきた。

まず先に売価を決める「1円、2円のしのぎ合い」

いったいなぜ、ここまで安くできるのか。それは、現場レベルでローコスト意識が徹底されていることにある。

「この機能で、この値段でというインパクトをいかに出せるかを常に考えている。まさに、1円、2円のしのぎ合い」。スポーツウエアブランド「Find-Out（ファインドアウト）」の開発を担う北村武士氏（Find-Outブランドマネジャー・チーフデザインオフィサー）は、事もなげに語る。

ワークマンは00年ごろから、値下げをしない価格戦略を取り入れた。EDLP（イー・ディー・エル・ピー＝エブリデイロープライス）だ。「安く仕入れたら安く売るのは当たり前。仮に仕入れ値が高くなっても、その価格で売る。一度決めた売価は絶対に変えない」（北村氏）のだ。通常は製造原価を積み上げ、そこに利益を上乗せして売価を決める。しかし、ワークマンの場合は逆だ。まず、この値段で売りたいと売価から決める。そのうえで、どこまでいい機能を詰め込めるかを協力工場と直接交渉して詰めていく。

北村氏は「Find-Out」の立ち上げから参画。デザイン面も手掛けている。仕事着はもちろんFind-Outだ

工場は中国を主力に、ミャンマー、タイなど東南アジア諸国とバングラデシュに約20カ所ある。工場と直接やり取りするのも、商社やメーカーを間に挟むと、マージン（手数料）が発生するからだ。

ワークマンは、まず全工場に同じ仕様で見積もり依頼を出す。そして返ってきた価格と、工場ごとの得手不得手を把握したうえで、製造を委託する工場を決める。決して1つの工場に集中させず、素材や製法によって工場を使い分ける分業体制を整えている。そうすることで、全体で「できることの引き出し」を広げているのだ。

効率を考えると、同じ工場に発注し続

「1円でも安く」を追い求め、ワークマンは素材や製法ごとに委託工場を分けて量産している。写真は中国の縫製工場

けるのが最もいいだろう。しかし、あえて毎年、全工場に見積もり依頼を出すのには訳がある。

「1回オーダーをもらうと、来年もリピートしてくれるだろうという安心感が（協力工場側に）生まれてしまう」（北村氏）。あえて翌年の契約を保証しないことで、真剣に生産と向き合い、工場そのものが毎年パワーアップする。それに対して増産で報いれば、ウィンウィンの関係が築けるというわけだ。

全工場から見積もりを取ることで、相場観がつかめる。さらに、一度開発した生地や縫製工程などは、すべて社内に「レシピ」として蓄積していく。仮に不測の事態が発生して稼働できなくなっても、他の協力工場に切り替えることで問題なく生産を続けられるのだという。実際は個々の工場の生産能力が毎年、パワーアップしているため、よほどのことがない限り、工場を変えることはない。契約が1年、1年と延びるごとに、ワークマンと協力工場との信頼関係は、さらに強固になる。

糸から開発「絶対に499円で売る」

65%という高い原価率を達成すべく、ワークマンは、生地はもちろん、その前段階の糸から工場と二人三脚で試作を重ねる。海外生産とは言っても、中には米アンダーアーマーの製品を手がけている工場も含まれており、開発力は高い。

例えば、先述した接触冷感シャツは独自開発のナイロン糸「DEEP ICE（ディープアイス）」を使っている。通常のTシャツは表も裏もポリエステルで編むのが一般的で、ナイロンはポリエステルよりもむしろ高価だ。しかし、自ら糸を開発し、編み方を工夫することで、通気性を確保しながら熱を逃がす生地をつくり上げ、499円で提供することに成功した。これも「絶対に499円で売る」と決めたから、形にできた代物だ。

「縫製のやり方を少し変えるだけで、生産効率が上がる。一方、売価との兼ね合いで、無駄な機能は省くこともある」と北村氏は言う。さらに、新たな発見を求めて海外の展示会に足しげく通う。名は通っていないものの品質が高い、そんな知られざる素材を見つけることで、原価を大きく抑えることができるからだ。

もちろん、他社の商品研究も怠らない。東京・上野の開発拠点にはサンプルルームがあり、国内外で調達した有名ブランドの商品がずらりと並ぶ。特に価格で参考にしてきたのが、フランス発、世界最大のスポーツ用品チェーンとして知られるデカトロンだった。北村氏自身も「中国に行くと、必ずデカトロンの店舗は見てくる」と話す。

そのデカトロンをベンチマークして生まれた商品が、「冷感リフレクティブ」だ。吸汗速乾、冷感性のある生地「QUICK ICE（クイックアイス）」を開発し、軽量でソフトな質感に仕上げた。肩や背中などに反射材がついており、夜に走り込むナイトランの需要に対応。なおかつ、紫外線を95％以上カットする機能を併せ持ち、半袖で580円、長袖でも780円と破格だ。19年春夏で初めて展開し、今やワークマンを代表する人気商品となった。

こうした機能性のテストは必ず第三者機関に依頼し、そのお墨付きを得ている。明るい色も含め、多色展開しているため、仮に1色で高い数値が出ても、全色で同じ結果が出ない限り、パンフレットや店頭ではうたわない。テストを通過し、全色で究極の「紫外線99・5%以上カット」を達成したTシャツが、19年から扱う「肌がさらさらZERO DRY」。汗を吸い上げ、素早く蒸発する優れものながら、やはり半袖、長袖ともに980円と激安だ。20年モデルでは、価格はそのままに遮熱機能を追加し、衣服内の温度上昇を5度軽減することに成功。「肌がさらさらZERO DRY -5℃」と改名し、さらに進化した。飽くなき挑戦が、Amazonですら寄せ付けない圧倒的なものづくりを支えている。

1900円で〝弾む〟厚底!? 値札を見ずに買える靴

記録が出る〝魔法の靴〟として、陸上長距離界を席巻する米ナイキの厚底シューズ。2020年3月の東京マラソンでも、日本新記録をたたき出した大迫傑をはじめ、上位30人中、実に28人が着用し、大会史上まれに見る高速レースを引き立てた。

実は、ワークマンにも厚底シューズがある。20年4月、ファインドアウトブランドから発売されたのは「アスレシューズ ハイバウンス」。分子レベルから独自開発したという高反発素材「BounceTECH（バウンステック）」を組み込んだ〝弾む靴〟で、靴底は全面ラバーで滑りにくく仕上げた。価格は、なんと1900円（税込み・以下同）だ。

さすがに陸上競技を戦うにはスペック的に物足りないが、弾むため、普通に歩くよりは、明らかに次の一歩を踏み出しやすい。なぜ、ワークマンは1900円で発売できたのか。「なんかできちゃったんですよ」と土屋哲雄氏は、平然と言い放った。この〝魔法〟のように安い厚底シューズを生み出したのは、商品部フットギアチーフデザインオフィサーの柏田大輔氏である。

原点は980円の超軽量シューズ

原点は、17年7月に発売した980円の超軽量シューズ「アスレシューズライト」だった。片足約150グラムで、ブルーとグレーの2色展開。足の甲を覆うアッパー部分に通気性のよいポリエステルのメッシュを採用し、18年9月にはブラックとオレンジを追加して4色から選べるようになった。今や年間約70万足を売り上げる大ヒット商品に成長した。

ワークマンで靴というイメージは薄いが、実は、昔から作業靴というカテゴリーは扱ってきた。つま先に先芯が入ったセーフティシューズ（安全靴）や、地下足袋、長靴などを国内メーカーから仕入れし、いわばNB（ナショナルブランド）として販売していたのだ。特に売れたのは、セーフティシューズで、今なおワークマンの主力商品である。しか

980円の「アスレシューズライト」（写真奥）と、20年4月に発売した1900円の厚底シューズ「アスレシューズ ハイバウンス」

し、セーフティシューズは芯が入っているため、普段使いすると、足を痛める恐れがある。そこで、自社開発のＰＢ（プライベートブランド）商品を拡充する流れに乗って、一般向けの靴として初めて開発したＰＢが、この９８０円の超軽量シューズだった。

最も賞賛されたのは、軽さである。ワークマンにとって意外だったのは、ランニング用に買ったという報告が多かったこと。あまりに安いので、これから走ろうと意気込む人には持って来いだったのだ。何度も洗って、履きつぶすまで使い込む人も少なくなく、インナーソールを交換しながら1年間で２００キロを走破するという猛者も現れた。自分好みの履き心地に近づけるために改造したという人や、長距離走に挑む「ガチ勢」も登場し、実際に「ワークマンの980円ランニングシューズでフルマラソンを走ってみた」というブログ記事が話題になった。一見、冷やかしのようなタイトルだが、その中身は「着地の安定感が抜群にいい」「スタートから勢いがまったく落ちないままゴールし、サブ3・5（3時間30分切り）を達成した」「ここ数年の自己ベストに近いタイムを狙わずに出せた」といった喜びのコメントであふれていた。「軽めの運動なら、ワークマンの980円シューズで十分だ」「コスパがよすぎる」と、ワークマンの靴の評判は口コミで広がっていった。

この「アスレシューズライト」は、デカトロンの商品をヒントに、デカトロンよりも安く提供しようと開発された。とにかく軽さを重視したモデルのため、機能は最低限。実は、カタログにも、商品タグにも、ランニングシューズとはうたわれていない。ウオーキングならともかく、これでフルマラソンを走るなんて、全く想定していなかったからだ。

柏田氏がフットギアの開発責任者となったのは、18年9月。ワークマンプラスの1号店が開業し、一般客が急増した時期に当たる。「アスレシューズライト」は980円という価格もあってよく売れたが、愛用者が増えるにつれて、厳しい意見も耳にするようになった。

フットギアチーフデザインオフィサーの柏田大輔氏

靴底にラバーを貼っていないため「摩耗が激しい」という声や「ブラシで洗ったら、メッシュがすぐにぼろぼろになる」「そもそもメッシュが薄いんじゃないか」という批判、さらには作業靴の形に近かったので「ちょっと横幅が広すぎる」という指摘もあった。

柏田氏は、こうした声を拾いながらも、あえて形状を大きく変えることはしなかった。靴底に縦横の溝を入れて屈曲しやすくしたり、ロゴの位置を変えるなど少しだけデザインに手を加えたりと、マイナーチェンジの域を超えないようにした。これには理由がある。「変に中身を変えると、気に入って買ってくれている人を切り離してしまう。なので、これはこれで残しながら、ターゲットをずらした別の商品に挑戦することにした」（柏田氏）。

「売れているものが安い」という逆転の発想

こうして生まれたのが「アスレシリーズ」だった。980円の「アスレシューズライト」をベースに、ユーザーの不満や要望を吸い上げた進化版を次々と商品化したのだ。ワークマンのものづくりの大原則は、売価から決める。980円ではさすがに盛り込める機能に限界があったため、値段を若干引き上げることで、制約を緩和した。

例えば、丸洗いができて乾きやすいインソールを搭載した「アスレシューズ ウォッシャブル」や、靴ひもを面ファスナーにした「アスレシューズマジック」は同じ980円で投入した一方、メッシュ部分に丈夫なニット素材を採用し、靴底の一部にラバーを貼って滑りにくくした「アスレシューズＮＥＯ」は1500円で発売した。そして最上級のフラッグシップモデルとして満を持して開発したのが、1900円の弾む厚底シューズ「アスレシューズ ハイバウンス」だった。

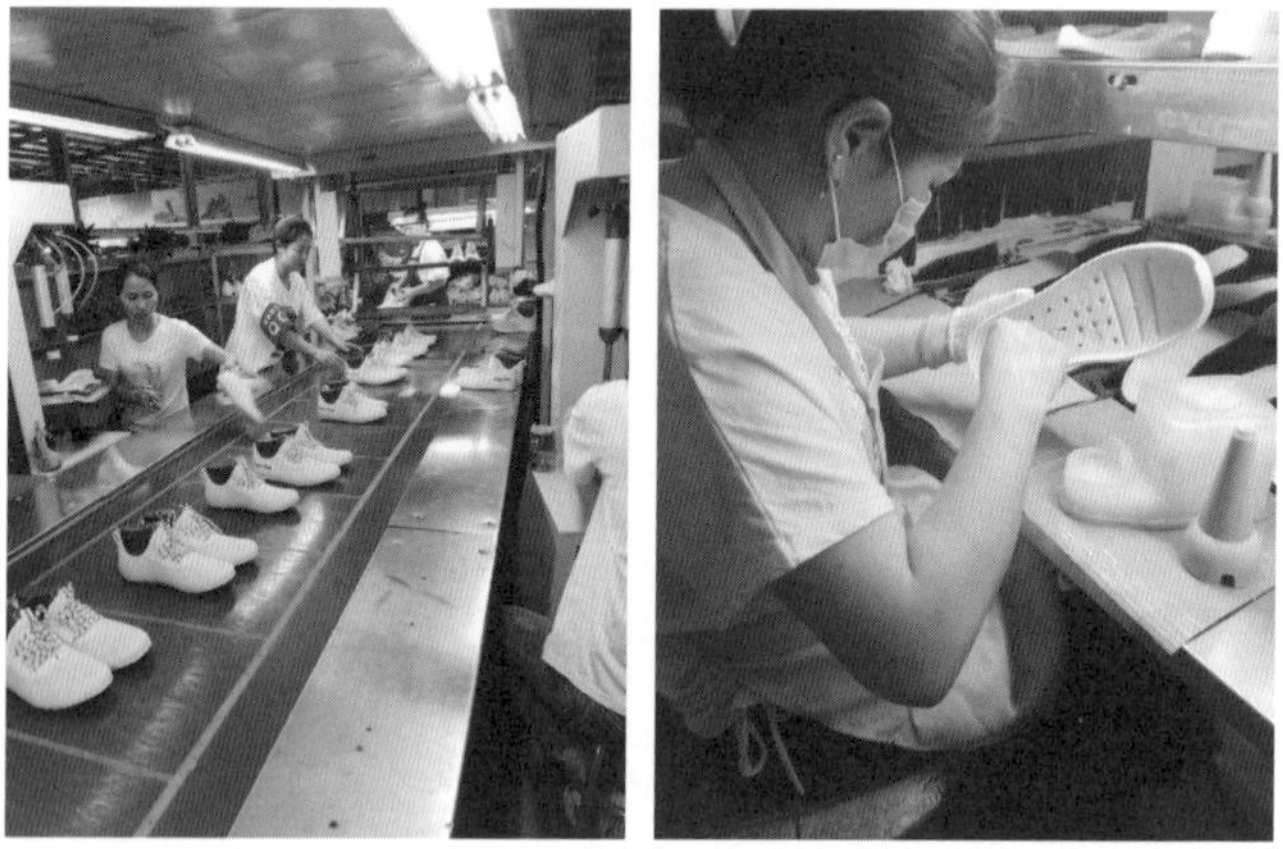

税込み980円の「アスレシューズ ウォッシャブル」を生産する中国の工場

「我々は『安いから売れている』というよりも、『売れているものが安い』という発想に立っている。１０００円ほど高くなるのは申し訳なかったが、１９００円でも売れるものをつくれば、それはお客様にとっても安いということ。９８０円という価格にこだわると、そこまでのものづくりしかできないが、１９００円までは十分ボリュームゾーンに入る。これが例えば５０００円、６０００円になると、我が社のポジションとは違ってくる。だから１９００円でまず値決めをして、盛り込みたいコンセプトをどんどん追加していった」（柏田氏）

柏田氏が、気に留めていたのは「ワーク

マンの靴は履いていると疲れる」という声だった。加盟店のオーナーからも「この値段だからそんなに文句も言わずに買ってくれるが、もう少し疲れにくいようにできるなら、なおいいのに」といった要望があった。それならば、「履いていて疲れにくい靴」をワークマン価格でつくりたい。商品化に向けて動き出したのは19年の春だった。柏田氏は鍵を握るのは、ソールにあると考えた。

「980円の靴も、そんなに悪い素材ではなかったが、履いているとへたってきたり、ちょっとつぶれてきたりする。軟らかさがずっと続く、へたってこない厚底を開発し、衝撃を吸収すれば、膝への負担も少なくなる。本当に疲れにくい、クッション性がいい、高反発というのをしっかりコンセプトとして打ち出した」

そして完成させた高反発ソールが「バウンステック」だった。中国の工場に依頼し、原料の配合や発泡率を変えながら何十回と試作と検証を重ね、ちょうどいい硬度にたどり着いた。素材開発にコストをかけた一方、1900円に抑えるため、例えばアッパーはミシンを使って人の手で縫うのではなく、ニット素材を採用して縫い目を減らし、機械で編んだ。縫製作業を省いた分、人件費が節約でき、なおかつ手作業と比べて品質も均質化された。ニットアッパーはナイキやアディダスが取り入れるなど、近年のトレンドでもある。「最初は黒なら黒、白なら白しか編めなかったが、今では技術的にさまざまな色を描き出せるようになった」（柏田氏）。生産を重ねるうちに、工場もパワーアップしていったのだ。

こうして前代未聞の激安厚底シューズは誕生した。開発の経緯からして「これを履いてタイムが上がるというものには、おそらくなっていない。早く走るために履く靴ではないが、長時間履いても疲れにくいため、ウオーキング用として薦めたい」と柏田氏は語る。

ラインアップが増えるにつれ、ワークマンの「アスレシリーズ」は毎年、倍々の勢いで売り上げが伸びている。柏田氏が目標としているのは、1つのアイテムで年間30万足は売り切ること。ハイバウンスも年間30万足売るイメージで開発したが、「初動を見ていると、全く足りない」（柏田氏）。ライトグレーの他、スニーカー通勤用にブラックをそろえ、2色で計40万足は売れそうな勢いで、供給が追いつかない可能性があるという。「仕込んでいる量と売れている量のバランスがちょっと悪い。工場を2カ所に分けようとしているが、同じ履き心地のものをつくるには、新たな設備投資が必要になってくる」（柏田氏）。

生産量との兼ね合いにはなるが、それでもアスレシリーズは今後も拡大していく。「例えば、（ハイバウンスの）発泡率を少し高めると、しっかり走れる靴が仕上がる。ランニングに対応できる厚底シューズや、雨の日でも履ける防水性をしっかりと備えたアスレシューズも出したい」と柏田氏は意気込んだ。

防寒ブーツでも価格破壊

980円の「アスレシューズライト」がヒットを飛ばした17年の冬、ワークマンは冬物でも価格破壊を成し遂げた。1900円の防寒ブーツ「ケベック」を発売したのだ。ブーツだけあって丈が長く、アッパーにははっ水加工が施されている。アウトドアやキャンプ好きの取り込みを狙った戦略商品だ。こちらもよく売れたが、やはりさまざまな要望が上がって来た。「せっかく丈が長いんだから防水にしてもらいたい」「雪の上でも履くので滑らないようにしてもらいたい」といった内容である。そこでアスレシューズと同じ方向性で、ベースとなる「ケベック」は残しながら、価格帯を変えて機能を継ぎ足していった。

ブレークスルーとなったのは、「WMアイスソール」という新素材を開発できたこと。その名の通り、氷や雪の上でも滑りにくい。微細のガラス繊維を散りばめたのが特徴だ。このアイスソールを組み合わせ、アッパーにもレインブーツ並みの防水性を持たせたのが、2900円の防寒ブーツ「ケベックNEO」だ。

「単発でポンポンポンとつくっても一貫性のないものが出来上がってしまう。要望を取り入れてスペックアップするのが、我々のものづくりのエンジン。2倍、3倍の値段では当然、売れないので、1000円だけ値上げして発売することにした」（柏田氏）

防寒ブーツと言えば、一流アウトドアメーカーなら1万円はくだらない。「もちろん、どれもすごくいい靴だし、我々は本当にリスペクトしている。ただやはり、この価格の商品を買える人は、そういない。お客様をピラミッドで表すのが適切かどうかは分からないが、ピラミッドの上のほうにいる人たちが買っている。我々はそれ以外の多くの人にも手が届く、値札を見ずに安心して買ってもらえる価格を目指してやっていきたい」（柏田氏）。

だからこそ、値段ありきで、どれだけ機能を詰め込めるかと考えるのだ。「機能や品質で言えば、トップメーカーにはやっぱりかなわない。ただ、トップメーカーの商品は、多くの人が必要としていない機能まで盛り込まれているのも事実。だったら、多くの人が必要としている最低限の機能はいくらなら盛り込めるかと考える。もちろん、コストをかければいいものはできるが、それだけ買える人が少なくなってしまう」（柏田氏）。

今冬は「ケベック」「ケベックNEO」を改良し、いずれも前年の2倍以上に増産する。さらに丈を長くした新商品「ケベックロング」を投入する計画も温めている。ケベックロングは「丈を折り返せるようにして、折り返し部分に柄をつける。防水仕様ではないが、アイスソールは搭載し、同じ2900円で兄弟商品みたいな形で売っていきたい」（柏田氏）。

ワークマンは防寒ブーツでなく、丈が短い防寒シューズも扱っている。キャンプ向けに火の粉で燃え広がりにくいアッパーを採用した「エルタ」と、プルストラップ付きで脱ぎ履きしやすい「バケイラ」はいずれも1900円。かかとが踏めるズックタイプの「防寒トレッドモック」は1500円だ。ケベックは、カナダの州名にちなみ、エルタ、バケイラは、実在の山から命名した。しかし、社内で根づいたのはケベックだけだという。「エルタやバケイラは、ちょっと商品とマッチしていない名前で社内では不評。アスレシューズのハイバウンスのように、機能を名前にしたほうがいいかもしれない」（柏田氏）。

世界中のメーカーをすり減るまでベンチマーク

年間30万足のヒット商品を目指し、柏田氏は国内外の何十社というシューズメーカーを追いかけ、気になった新作は購入し、長期間履いている。そして優れていると感じた部分は、なるべく取り入れるようにしている。「ゼロからつくるのは、デザイナーじゃないとなかなかできない。いい商品をベンチマークして、それをオマージュしている」（柏田氏）。

実は「アスレシューズ ハイバウンス」の開発で参考にしたのは、フランスのメーカー「ホカ オネオネ（ＨＯＫＡ ＯＮＥ ＯＮＥ）」の厚底シューズだった。「それこそ、すり減るまでベンチマークした。ホカ オネオネの靴は、厚底にすることでクッション性を出していた。うちは、素材でクッション性を持たせるというコンセプトだったのでちょっと違ったが、厚底の靴というのはどんな履き心地なのだろうと試す意味では、非常に参考になった」（柏田氏）。

ホカ オネオネは2万円前後の商品が多い。ワークマンとは比べ物にならないぐらい高いが、その分、機能性は確かだ。いい商品を試すということは、それだけ自らの視野を広げることにつながる。「どれだけ高いものをベンチマークしても、こっちが売りたい値段は決めているので、限界はある。こだわる部分と諦める部分はしっかり自分の中で持っていて、中途半端なものはつくらないようにしている」と柏田氏は言う。ハイバウンスでは高反発ソールの開発は絶対に譲れなかったが、それ以外では割り切った部分もある。

柏田氏が目下、ベンチマークとして履きつぶしているのが「トポアスレチック（ＴＯＰＯ Ａｔｈｌｅｔｉｃ）」という米国発のランニングシューズだ。つま先の反り上がりを改善することで、一歩前へと踏み出す推進力を生む靴を開発したいと思い立ったからだ。「私の場合、自分でつくったものは、世に出たらもう一切履かない。次に開発する靴を履いているため、履く機会がない。その代わり、世に出る前はとことん履く。見た目で手に取ってもらうため、デザインも最低限、いいものにしていきたい」（柏田氏）。

色の組み合わせ一つをとってもデザインのセンスは問われる。しかし、ワークマンには、学生時代にデザインを学んだ社員はほとんどいなかった。「僕なんて特にそうで、デザインは一切分からなかった」（柏田氏）。海外の展示会でトレンドをつかみ、売れ筋の商品を数多く見るなど場数を踏むことで、売れるアイデアを蓄積していった。

実は、フットギアの開発部隊は柏田氏を含めて4人しかいない。そのうち4人目にして待望の〝助っ人〟が20年2月に入社した。英国に15年近く滞在して革靴からスニーカーまで手がけた経験があり、「デザインを自分で起こす力がある。彼にこういうものをつくりたいというとすぐに形にしてくれる。開発のスピードが格段に上がった」（柏田氏）。厚底シューズの開発には間に合わなかったが、柏田氏はデザイン的に洗練された商品は「これから出てくると思う」と自信をのぞかせた。

柏田氏はかつて国内メーカーから作業靴を仕入れるバイヤーを担当していた。「NBのデザインをいろいろ見て、メーカーの方と一緒に工場も回らせてもらった。ものづくりのノウハウはそこで学んだ。もともと靴が好きだったので、あと10年はこの部署にいられるぐらいのネタは持っている」と豪語する。

その言葉通り、あふれんばかりのアイデアを基に新商品を量産。一般向けのＰＢ商品だけであっという間に50点を超えた。例えば、アスレシューズ以外にも１９００円の「ファイングリップ フィジカル」を開発。厨房靴で培った滑りにくい耐滑ソールを底面にはめ込み、スポーティーに仕上げた。この他にもカジュアルシューズや、リュックに収納できるコンパクトシューズなど、原点であるアスレシューズライトにスポーツ、アウトドア、タウン（普段履き）と用途の変化を加えることで、ラインアップをどんどん広げていった。

いつしかサンダルまでバリエーションが豊富になっていた。「職人さんが仕事帰りにクルマに乗るとき、長靴やセーフティシューズからサンダルに履き替えるという文化があったから、サンダル自体は長く展開していた。しかし、こうやって大きくカタログで取り上げるようになったのは、ここ1、2年。サンダルも一般向けの一部としてしっかりプロモーションしているのが、最近のワークマンの履物事情」と柏田氏は胸を張る。

カタログには「ｗｍｂ」というロゴがついた商品もある。これは「ワークマンベスト」の

年々、ラインアップが拡大するワークマンの靴売り場。980円、1500円、1900円のスリープライスで固めている

略だ。アウトドアのフィールドコア、スポーツのファインドアウト、防水のイージスという3ブランドよりさらに低価格の一般向け商品につける〝第4のPB〟で、例えば、三菱商事ファッションの耐久はっ水素材「DIAMAGIC DIRECT（ディアマジックダイレクト）」を採用したデッキシューズを1500円の安さで売り出している。この他、国内メーカーから何十年と仕入れているNBの作業靴もこれまで通り扱っている。

商品数が増えすぎて、売り場をどう整理するかに頭を悩ませるほどだ。「レディース向けも今手がけていて、年内には確実に商品化される。本当にうまく売り場をコントロールしていかないと、ネタが吐き出せない。衣料品はハンガーにかけてぐっと詰めればスペースが開くが、靴は大きさが決まっているので、並べられる数に限界がある。靴はかさばるし、倉庫の中でも嫌われ者ですから」と柏田氏は笑う。ある意味、それだけ勢いがあるという証左でもある。アパレルで急成長を遂げたワークマンを一段上の成長へと導く〝魔法〟のエンジンは、間違いなく靴にある（202ページ）。

第4章

ファンの「辛辣な文句」は全部のむ

バイク乗りの声がワークマンを変えた

ワークマンの売り場には、宝探しのような面白さがある。アウトドアウエア、レインスーツ、カジュアルシューズといったPB（プライベートブランド）が棚を侵食する一方、作業服、セーフティシューズ（安全靴）、ヘルメット、長靴、軍手といった「職人エリア」もしっかりと確保。100坪（330平方メートル）の店内に、実に1700種類ものアイテムが、ごった煮のように詰め込まれている。新業態「ワークマンプラス」の大ヒットにより、PBの販売数がいくら伸びても、何十年と仕入れてきた商品を切らすことはない。

「例えば、地上10メートルで作業するための高所安全靴がある。何十年と愛用している職人さんがいるのに、もしうちが取り扱いをやめたらどうなるか。履きなれた高所安全靴を失

ワークマンの店内風景。特に路面店は、下着や靴下、作業服からアウトドアウエアまで、限られた売り場にびっしりと商品が並んでいる

えば、転落事故につながるかもしれない。だから、買い求める人がいる以上、品目を合理的に減らすことはできない」。そう語るのは、土屋哲雄氏だ。

ワークマンでは1個しか陳列しない商品が全体の7割を占める。「本当は商品を半分に減らしても売り上げはたいして変わらない」（土屋氏）というが、職人のためを思って、多品目を少量ずつ扱う、絵に描いたようなロングテール経営を続けてきた。年にそう何回も売れない商品を、サイズ違いでそろえて売り場を割くのは、極めて不経済だ。しかし、いつしか、多品目を扱っていることこそが、ワークマンの最大の強みになった。予期せぬスマッシュヒットが次々と生まれ、「昔の不合理が今は合理になった」と土屋氏は表現する。

突如やってきたバイク乗りの群れ

異変は5年ほど前に、突然訪れた。何の前触れもなく、店の前にバイクが何台も止まるようになったのだ。「職人さんがバイクで来ているのかと思ったら、ビジネスパーソンだった。うちにとっては、職人以外の方が来ること自体がニュースだった」（土屋氏）。

何が起こったのか。加盟店に聞いてみると、どうもバイク乗りの間で話題になっている商品があるらしいという。確かな防水性能を誇る、コスパ最強のレインウエアがあると、ネットで評判になり、ワークマンは気づかぬうちに、バイカー御用達ブランドに祭り上げられていた。職人しか買わないだろうと勝手に思い込んでいただけで、一般客が使えないわけではない。むしろ職人仕様だから丈夫で長持ちし、しかも驚くほど安い。だからこそ選ばれたのだ。

この一件から、ワークマンはネットの声にとことん耳を傾けるようになる。手始めにレインスーツのラインアップを大幅に強化し、年々改良を加えていった。そこから「イージ

上下で4900円（税込み）の「透湿レインスーツSTRETCH」は
ワークマンを代表するヒット商品。累計85万着を売り上げた

ス」という防水専門のPBが生まれ、釣り好きやアウトドア好きにも愛好家が広がった。

あらゆる要望を取り入れているだけに、今や、ワークマンのレインスーツは、隙がないオールラウンダーと評される。例えば2020年5月に発売された「3レイヤー透湿ストレッチレインスーツ」（パンツ付き4900円・税込み）という、見るからにすごそうな名前の新作は、生地が3層構造で、雨風を中に入れない。耐水圧は2万ミリ。24時間で3000グラムの水蒸気を排出する透湿性を備え、汗をかいても蒸れにくい。伸縮自在のストレッチ素材を採用しているため動きやすく、デザインもアウトドアや街着として使えるカジュアルスタイルへ進化を遂げた。これで4900円というのは驚異的な安さで、一部では「最強カッパ」と称されている。こうして客層が大きく広がったことを自信に変え、ワークマンプラスの開業へと突き進んだ。まさに、バイク乗りの声がワークマンを変えたのだ。

客足が伸びるにつれ、バイク以外にも、さまざまな商品が予想だにしなかった用途で、飛ぶように売れるようになった。その最たるアイテムが、「綿かぶりヤッケ」だ。ヤッケとはフード付きの上着のこと。生地は綿100%で火花が飛び移っても燃えにくいため、溶接工が愛用してきた。しかし、これがキャンプにも最適だとネット上で拡散。溶接用の手袋も、鍋が持てる、火を起こすのに使えると話題を呼び、品薄状態となった。

厨房用に滑りにくく仕上げた、いわゆるコックシューズもまさかのロングセラーとなった。雨で路面がぬれても足を取られることなく安心して歩ける。スリッポン式で脱ぎ履きもしやすいと、妊婦や子育て中の女性の間で高評価を得た。コックシューズの改良版として発売した「ファイングリップシューズ」（1900円・税込み）は、オンラインストアで瞬く間に、全サイズが欠品。18年10月からの1年間で32万足を売り上げ、テレビ番組でもこぞって紹介されるなど、「マタニティシューズ」としてすっかり市民権を得た。

580円の靴下→実は超激安だった

社内では不評だったアイテムが、看板商品に化けたこともある。ワークマンは19年、羊毛の中でも最高級のメリノウールを使った靴下「メリノウールソックス」を税込み580円で売り出した。「アウトドアブランドの3分の1の定価を目指して開発した」という野心的なアイテムだったが、1足100円、200円という靴下を見慣れすぎていた社内では、「こんなに高い靴下が売れるのか」と、懐疑的な意見が大勢を占めた。

ところが登山ブロガーの手によって、この靴下は一躍、時の商品となる。メリノウールは高級素材で、靴下とはいえ、2000円はしてもおかしくはない。見る人が見れば、相場の3分の1以下であることは、一目瞭然だった。あまりの安さに驚愕《きょうがく》したこのブロガーは、「衝撃の価格!ワークマンのメリノウールソックスを買ってみた。」というタイトルで使用感を詳細レポート。「580円ですよ。メリノウールが。意味がわからない。正直本当にメリノウールなのか怪しいレベル。ワークマンは何を考えているのか!」と前置きしながらも、「肌に触れる感じが柔らかいのはまさにメリノウール…な気がする。」と結んだ。

ワークマンの対応は素早かった。ブログが投稿された翌日に「非常に貴重な情報をありがとうございます」と感謝を伝えるメールを送り、「確認したい点があれば知らせてくださ い」と持ちかけた。その後、ブロガーからの質問に答える形で、メリノウールの産地はオーストラリアであること、素材の等級は最上級に次ぐ「エクストラファインメリノ」であること、さらにはウール混紡率が60%であること、コストダウンできたのは「他の商品を含めて大量発注してトータルコストを下げているから」だと丁寧に返信。「品質に妥協はなく、十分高品質だ」と納得したブロガーは、このやり取りも含めて、再度ブログに投稿。結果的に「安すぎるメリノウールソックス」は、登山愛好家の間で大きな話題となった。

一般客にとって、安くて高機能のワークマンの商品はまさに〝宝の山〟だった。ただ、ワークマン側が適切な用途を提案できず、潜在客を取りこぼしていただけなのだ。だからワークマンはその用途を確認するために、SNSを重視する。土屋氏は、そこからさらに一歩踏み込んだ。ネットの書き込みを参考にするだけでなく、インフルエンサーそのものを丸抱えしたらどうか、と思い立ったのだ。

インフルエンサーも開発部隊「捕獲作戦決行」

ワークマンの開発部隊は、社員だけではない。ワークマンを愛用してやまないブロガーやユーチューバーといったインフルエンサーを「製品開発アンバサダー」に任命し、社員と机を並べて共同開発しているのだ。驚くべきは、社内行事まで開放していること。「社内の勉強会や、開発会議にも来てもらう。そして、彼ら彼女らの意見を相当取り入れている。ある意味、完全にインサイダーなんですよ。ワークマンが1年後に何をつくるのか、すべて知っているわけですから」（土屋哲雄氏）

なぜ、そうまでしてインフルエンサーを抱え込むのか。それは、謎としか言いようがないヒットが次々と生まれたからだ。作業用のレインスーツをバイカーが買い求め、綿かぶりヤッケがキャンプ用品の定番になる。原因を探ると、いずれもブログやSNSの書き込みに行き着いた。社内には作業服の専門家は大勢いたが、バイク用品、キャンプ用品に精通している者は皆無だった。「我々が予想もしなかったお客さんが来ると分かったのだから、そういった方々を集めて教えを請うことにした」（土屋氏）。

「ワークマンでもいい」が「ワークマンがいい」に

2016年9月、ワークマンは「ブロガー向け商品発表会」を初めて開いた。「ワークマン史上最高の防水性能」をうたった、その名も「BIKERS（バイカーズ）」というバイク用ウエアをはじめ、釣りやハイキング、トレッキング、キャンプで使える新作20点を集めた。気になる点はその場で社員に質問でき、納得がいくまで使用感を確かめられるようにした。試着した商品をブログで紹介し、ワークマンのオンラインストア経由で注文が入れば、売り上げの5％分を成果報酬として還元するというアフィリエイトプログラムも展開した。当時の募集案内には、こう記されていた。

アウトドアウエアとして一番先に思いつくブランドではありませんが、口コミによる話題

性で、以前は『ワークマンでもいい』でしたが、『ワークマンがいい』になっています。

実際に初めての発表会にもかかわらず、アウトドアやバイク好きのブロガーら100人ほどが参加した。厳しい注文も多々寄せられたが、このとき受けた指摘はほぼ丸のみする形で、翌年の新モデルに反映させた。こうして改良した商品は前年よりも明らかに売れた。発表会は春と秋の年2回に定番化し、18年以降は「インフルエンサー向け商品発表会」と名前を変えて回を追うごとに規模を拡大していった。「ワークマンがいい」と賛同してくれるコアなユーザーを、ファンミーティングの形で取り込み、草の根で開拓していったのだ。

熱い本物のファンを身内化する

この商品発表会を発展させたのが、製品開発アンバサダー制度である。よくあるインフルエンサーマーケティングと一線を画するのは、芸能人や著名人を一切起用していないこと。重視したのは、フォロワー数ではなく、ワークマンをどれだけ愛してくれているか。何百万人ものフォロワーを抱える有名人にPRしてもらっても一過性で終わる。「ところが、熱いファンは違う。その方にとってワークマンは『自分の商品』なんですよ。社員が説明するよりも、よっぽど熱く語る。それだけ好きでたまらないから。ファンだから文句も言うけど、それがいい。むしろ、文句を取り入れて直していけばいい」（土屋氏）。

だからこそ、アンバサダーの条件は、日ごろからワークマンの商品を着こなし、自ら積極的にSNSで発信していること、そしてワークマン愛にあふれていることと定めた。「素人を開発に入れていいのかとアパレルの人にも言われたが、でも、うちよりも玄人ですからね。読者が1万人もいれば、オピニオンリーダー。かなり世間の意見を代表している。アイデアもあるし、意外とプロだと思っている。ユーチューバーでも、インスタグラマーでも、ブロガーでも、そういう方を身内化しなきゃ駄目だと思った」（土屋氏）。

広報が「目視」で見つけ〝捕獲〟する

では、そんなインフルエンサーをどうやって見つけているのか。実は広報担当による「目視」だという。ワークマンに関する投稿をネットの海から探し出し、その中でも、光る発信をしている愛用者を発見し、アプローチをかけるという、極めて地道な活動だ。

「アンバサダーになるのに、『何か基準があるんですか』『私もなりたいんですけど駄目ですか』とよく言われるが、実際は我々の目に留まるかどうかだけ。本当に目視で見つけている」と証言するのは、広報担当でもある営業企画部の林知幸氏だ。

アンバサダーの第1号は、サリーさんである。子育てしながら毎週キャンプに出かける人気ママブロガーで、19年の4月、オープンしたばかりの「ワークマンプラス」ららぽーと湘南平塚店（神奈川県平塚市）で、林氏は初めて対面した。きっかけは、ベージュの「綿かぶりヤッケ」を着たサリーさんの写真を目にしたことだった。綿かぶりヤッケとは溶接工向けに販売していたPB（プライベートブランド）でもない商品。「女性でこれを着る人がいるというのが、衝撃的だった。『なんで着ているんだろう』と思ったら『これを着れば、中の服に煙の臭いがつかない』みたいなことを書いていた。『うちの商品はそんなことにも使えるのか』『なんだ、面白いな、ちょっと話聞いてみよう』となって、平塚に来ていただいたんです」（林氏）。

すぐに意気投合して、コラボ商品の開発がスタート。19年5月にはワークマンの東京本部でサリーさんを交えた作戦会議が開かれた。ミッションは、綿かぶりヤッケの改良版として発売した「綿アノラックパーカー」をさらに進化させること。実際に、かなり劇的な変更が加えられた。

まず、前面がフルジップ（ファスナーが全開になるタイプ）となり、頭からかぶらなくてもよくなった。これにより、ヘアスタイルが崩れるという不満が解消された。さらに「ペン差し」をなくした。ワークマンは、作業服の名残からか、たいていの商品にペンが差せるポケットがついていた。しかし、サリーさんは、ばっさりと言った。「デザイン的にはいらない。シンプルなほうがいい」。その意見がそのまま採用された。両脇のポケットもこれまではボタンで留める形だったが、ファスナーに変えた。こうすることで、スマホや鍵を入れても落とす心配がなくなった。色もパープル×ベージュ、キャメル（ラクダ色）×スミクロなどツートンカラーを追加した。フルジップで綿100％のパーカーなので「フルジップコットンパーカー」（2500円・税込み）。名前すらもシンプルにして19年10月に発売したところ、7カ月で5万5000着を売り上げる人気商品となった。

コラボ商品第2弾として20年2月に発売した「コットンキャンパー」（2900円・税込み）も売れに売れている。綿100％で火の粉に強いというヤッケの特徴を受け継ぎながら、キャンプギアを多数収納できる巨大ポケットと、ペグハンマーをぶら下げられるカラビナフックを搭載。「キャンパーによるキャンパーのためのウエア」を目指した。フルジップコットンパーカーよりも生地を厚手にして、丈や裾を広げたことで着やすさも増したと

ママキャンプブロガーのサリーさん（写真左）を交えた新商品の開発風景

好評で、発売と同時に店頭から在庫が消滅。3カ月で2万5000着を販売した。ワークマンにとっては、いずれも当初の計画をはるかに上回る売れ行きで、たびたび欠品を起こすほどだ。

「第2、第3のサリーさんを探せ」とばかりに19年7月から始まったのが「ワークマンアンバサダープロジェクト」だ。社員以上にワークマン愛があふれる人を、人力で見つけ出し、実際に会ってアンバサダー就任を打診する。「コマーシャル（宣伝）ありきではなく、余裕と遊び心を持ってお付き合いできるかどうか。あとはイベントにちゃんと出てくれるかどうか」（土屋氏）。人となりを見ながら、商

サリーさんが開発し、大ヒットしている「コットンキャンパー」（写真中央下段）と「フルジップコットンパーカー」（写真中央上段）

品開発のパートナーを増やしていった。

時には〝捕獲作戦〟に出ることも辞さない。「マスクママさんという、新型コロナウイルスの前からマスクをしているユーチューバーの女性がいて。プロフィールは公開していなかったが、どうも名古屋に住んでいるらしい、と。そこで、名古屋に新店を出したら、必ず来てくれるだろうと思って、『マスクした女性が来たら捕まえてくれ』と、広報を送り出した。事前に動画を見てもらって、そこで捕まえたんですよ」（土屋氏）。

マスクママは読み通り、19年5月16日の新店開業初日、午前9時ごろに姿を見せた。本人にとっても予想外の対面だったようで、「名古屋中川法華店オープン！マスクママ捕獲される！」とのタイトルでその日のうちに動画を投稿。「マスクを付けて変装していたつもりなのですが、ワークマン本部の広報の方に発見されて捕獲されてしまいました！」とのテロップ付きで、店内の風景をスライドショー形式でリポートした。この「ワークマン本部の広報の方」というのは、他ならぬ林氏である。

最近になって、またもやニューカマーが見つかった。茨城県の奥地に住み、猟師として活動しているNozomiさんという女性である。埼玉県皆野町のワークマンプラスに勤める女性を介して「茨城に『狩り女子』がいて、ワークマンを着ている」という情報をキャッチ。調べると確かに「Nozomi's狩チャンネル」いう名のユーチューブチャンネルを運営していた。「うちのカモフラ柄（迷彩柄）のジャンパーを着てイノシシを解体していたんですよ。『子供は見ないでください』ってあったので、何だろうと思って見ちゃった」（土屋氏）。これは相当筋金入りのワークマンユーザーだと確信し、すぐさま広報の丸田純平氏を派遣して会いに行かせた。

「ソロキャン女子」を名乗るユーチューバー、ねこまるさんも期待のアンバサダーだ。チャンネルのフォロワー数は5万人弱で、ソロキャンプ界のアイドル的な存在である。「私は、どっちかというとキャンパーとして声をかけたんですけど、めちゃめちゃ人気のアイドルだった。見ている人はやっぱり男性が多いから、ワークマンのことをちょっと話してもらうと、男性客が増える。それも、最近気づいたんですけど」（土屋氏）。

この他にも登山やランニングを趣味とするインフルエンサーを次々と〝捕獲〟。「そういった方々と新商品をつくったら、間違いなくいいものができる」と土屋氏は断言する。

無報酬でもウィンウィンの関係!?

実は、ワークマン側がアンバサダーに報酬を支払うことはない。その代わり、ページビュー（ＰＶ）やフォロワー数、動画の再生回数が伸びるように、新商品の情報を優先的に開示したり、ワークマンの公式ホームページ、オンラインストア、ツイッター、インスタグラムにサイトや動画へのリンクを張ったりするなど、露出拡大に全面協力している。

成果がきちんと表れているかどうか、効果測定までしているのもポイントだ。土屋氏は言う。「私が気にしているのは、アンバサダーさんのアクセス数がちゃんと増えているのかどうかということ。増えていなかったら、うちの宣伝費を使ってもいい」。

基準となる指標が「増加倍率」だ。ワークマン以外の投稿と、ワークマンに関する投稿でサイトのＰＶや動画の再生回数がどれだけ伸びたかを測定している。「統計を取ると、ワークマンを紹介したらアクセスが10倍に跳ね上がった人もいた。一番低くても2倍以上にはなっている。こういうのを、ひそかにチェックしているんですよ」（土屋氏）。

直接的な報酬はないとはいえ、ワークマンのアンバサダーになれば、読者やフォロワーが倍増して広告収入が伸びたり、テレビやメディアへの出演が大幅に増えたりと、知名度は格段に高まる。そして、報酬をもらっていないからこそ、アンバサダーは時に辛辣な、耳が痛いコメントも、容赦なく投げかける。外部の厳しい目にさらされることで改善点が浮かび上がり、それを正すことによって商品そのものがパワーアップする。商品力が上がれば、ワークマンの販売数量も伸びる。アンバサダーにとっても、ワークマンにとっても、ウィンウィンの関係で成り立っている制度なのだ。

ワークマンにとってアンバサダーはもはや〝社員同然〟だ。「やたら何度もやり取りしているので、自然と仲良くなって、特に女性のアンバサダーさんの場合、息子さんを保育所に何時まで預けられるかまでうちは分かっていますから。イベントをやるときにその時間までには帰れるようにしている。アンバサダーさん同士も仲がいいんですよ。うちがアレンジしなくても、一緒にお茶をしたりしている」（土屋氏）。

販促費を使わずに売り切れ！

こうして〝目視〟と〝捕獲〟を繰り返し、ワークマンのアンバサダーは1年間で25人まで増えた。20年中に50人にまで引き上げるのが目標だ。いたずらに数を増やすのではなく、あくまでも濃いファンを内に抱えることを目指している。

インフルエンサーを組織化したのは、商品開発のためだけではない。広報活動にも生きるという。もともと一定数のファンを抱えているため、発信してもらうだけで広範囲の読者に情報が届くからだ。目標は、販促費を使わなくても、商品を売り切ること。なぜなら、ゆくゆくはAmazonしか残らない時代が来ると本気で考えているからだ。「販促費を使っているようじゃ、Amazonには到底勝てない」。これは、土屋氏の口癖でもある。

19年10月には「ワークマンは『アンバサダーマーケティング』を本格化します」と題したプレスリリースを発表した。テラスモール松戸（千葉県松戸市）にオープンしたワークマンプラスの新店を「ネット評価連携ショップ」と命名。店内にあるQRコード付きのポ

店頭に掲示した商品ポップの一例。QRコードを読み込むと、アンバサダーがつづったレビューページに飛ぶ仕組みだ

ップをスマホで読み込めば、商品開発に協力したアンバサダーのレビューページに飛ぶようにし、店員に変わって商品の魅力をアピールしてもらう仕組みだ。

アンバサダーと実店舗をどう連動させるかは、まだ試行錯誤の段階だが、土屋氏はこの試みが飛躍の鍵を握ると読む。かつて商社マンとして世の中のトレンドを追いかけてきたが、「今の私の一番の興味は、ソーシャル。アンバサダーマーケティングで、日本のトップを走りたいと思っている」。並々ならぬ思いで、次なる奥の手をひねり出そうとしている。

第5章

変幻自在の広報戦略

マスコミも踊った？「西宮戦争」を生んだ〝名文〟

「西宮戦争」という物騒な言葉が、ワークマンの知名度をぐんと引き上げた。2018年12月14日、もはや〝名文〟と言っていい、伝説のプレスリリースが発信された。

「3月下旬か4月上旬に『WORKMAN Plus』の唯一の競合先であるフランスDecathlon社（売上1.3兆円）が大型店を阪急西宮ガーデンズに出店します。当社はこれに先立つ3月21日にららぽーと甲子園に『WORKMAN Plus』を出店し、同日に路面の大阪水無瀬店を『WORKMAN Plus』に改装してDecathlon社を迎え撃ちます。両SC店の距離はわずか3kmですが、先手必勝で大規模な販促を行います。2店舗だけではDecathlonの大型店にかなわないので、関西地区のワークマン120店舗でアウトドア売場を強化して包囲網を作ります。1対120の数の優位で『西宮戦争』を制するつもりです」(原文ママ)。

迎え撃つ、先手必勝、包囲網、数の優位、西宮戦争——。社員を鼓舞する社内向けの文章ならいざ知らず、プレスリリースとしては前代未聞の刺激的な言葉を並べたのは、土屋哲雄氏だ。「ホームページから何から何まで、対外的に発表する文章は、全部私が書いている。プロみたいな文章は書けないので、これも毎朝、通勤時間に見直し、10日間ぐらい練り直した」という。

当時、ワークマンは、新業態である「ワークマンプラス」の1号店が軌道に乗り、2号店、3号店と急速に陣地を広げているさなかだった。手応えはもちろんあったが、全国的な知名度獲得には至っていない。起爆剤となる何かがほしかった。

リリースにあるDecathlonとは「デカトロン」と読む。世界51カ国に約1500店。年商1兆3000億円(当時)を誇る世界最大のスポーツ用品チェーンが、いよいよ日本に上陸することが、出店先の阪急西宮ガーデンズ(兵庫県西宮市)から発表されていた。西宮市といえば、ワークマンもちょうど、ららぽーと甲子園にワークマンプラスを出店する計画を温めていた。「うちがららぽーと甲子園で、向こうが阪急西宮ガーデンズ。直線距離で3キロ。これだけ近いのなら、逆に利用できないか、と思った」（土屋氏）。

そこでリリースに起こそうと思ったのだ。しかし、デカトロンがいつ開業するのか、肝心のXデーは、まだ明かされていなかった。ここで諦めないのが、ワークマンである。独自調査で、デカトロン日本1号店が19年3月下旬か4月上旬にグランドオープンするという確かな情報をつかんだ。それが「3月下旬か4月上旬に『WORKMAN Plus』の唯一の競合先であるフランス Decathlon社（売上1・3兆円）が大型店を阪急西宮ガーデンズに出店します」という微妙にぼかした書き出しに表れている。この時期は、まさにビンゴだった。ワークマンプラスららぽーと甲子園店の開業日は3月21日だったからだ。距離だけでなく、開業時期まで極めて近い。パズルのピースを組み立てるように、慎重に、かつ戦略的に、言葉を紡いでいったのだ。

実はライバルではなかったデカトロン

実は、リリースで「競合先」とうたいながら、土屋氏はデカトロンを本当のライバルとは見ていなかった。むしろリスペクトさえしていたのだ。数年前から社員には、海外出張の際には必ずデカトロンの店舗を見てくるようにと、呼びかけてきた。いつか日本に来ると読んでいたからだ（114ページ）。

後に、土屋氏はこう種明かしした。「デカトロン進出の一報をつかんでも全然驚かなかった。ずっとよく知っていた存在だから。むしろデカトロンさんは、もっと早く進出しても成功した。やっぱり本物だし、日本受けもすると思った」。

「Make Sports Accessible For The Many.（多くの人々にスポーツを）」。これがデカトロンを前へと突き動かすスローガンだ。その言葉通り、デカトロンはこれまでにない革新的なプロダクトを次々と放ち、スポーツを世界中で身近にした。シュノーケリングに革命を起こした「EasyBreath（イージーブレス）」（4090円・税込み）は、180度視界が開けるくもり止めレンズを、顔全体に装着する〝フルフェイスマスク〟。水の浸入を防ぐ逆止弁が付いており、自然な鼻呼吸ができる。水中でスティックをくわえるという煩わしさから解放した。10リットルのバックパックに至っては10年間の耐久性を保証しながら、わずか390円（税込み）で手に入る。

05年に発売したポップアップテント「2 SECONDS（ツーセカンズ）」シリーズは、バックルを外すだけで展開し、〝最短2秒〟で立ち上がるのが売りだ。ポールを組み立てる手間と労力をなくし、折り畳んで撤収する作業をも手軽に変えた。デカトロンは、常識を根底から覆すイノベーティブな商品を数多く生み出し、しかも驚きの低価格で提供した。値札を見なくても買える。しかもデザインも洗練されている。ワークマンにとっては、こうなりたいと思う模範的なブランドだった。

しかし、商品展開で切り取ると、ずいぶんと趣を異にしていた。例えば、ワークマンプラスはアパレルと靴が中心で、いわゆるスポーツ用品は扱っていない。一方、デカトロンはスポーツ用品の品ぞろえに定評があり、自転車からキックスケーター、シュノーケリングマスクまで、多ジャンルをカバーする。唯一競合するといえばアウトドアウエアやスポーツウエアだが、「うちの場合は結構、街着としても着られている。デカトロンさんにはバスケットシューズやサッカーシューズはあるが、一般向けの軽量シューズはない。だから、がちでぶつかることはない。敵のようで敵ではないんです」（土屋氏）。

つまり、デカトロンが進出してもなお、ワークマンプラスが空白市場にいることに変わりはない。にもかかわらず、あえて「西宮戦争」と喧伝《けんでん》することで、実際の企業規模以上にワークマンを大きく見せるのに成功したのだ。

実際に、プレスリリースの効果は絶大だった。メディアというものは、概してキャッチーな言葉に弱い。土屋氏の狙い通り、複数の媒体で面白おかしく取り上げられ、西宮戦争はアパレル業界において、天下分け目のバズワードとなった。19年3月21日、ワークマンがららぽーと甲子園店を、同29日にデカトロンが西宮店をそれぞれオープンすると、両雄相まみえるといったトーンで、再び「西宮戦争」に光が当たった。結果的に、メディアを手玉に取ることに成功したのだ。まさに、ワークマンの「作戦勝ち」だった。

「令和フィーバー」より上へ ヒット予測ランキング1位に

2018年10月下旬、東京・神谷町にある月刊情報誌「日経トレンディ」の編集部は、難しい選択を迫られていた。毎年12月号（11月上旬発売）に発表する「ヒット予測ランキング」。その校了作業が大詰めを迎えてなお、1位と2位がデッドヒートを繰り広げていたからだ。1位候補だったのは「新元号フィーバー」である。平成から令和へ。およそ200年ぶりとなる〝予定された即位〟だからこそ、列島中が祝賀ムードに沸き、消費も大きく動くと見たからだ。

ヒット予測ランキングは、「売れ行き」「新規性」「影響力」という3つの評価軸に基づき、編集部が翌年にはやりそうな商品やサービスを独自に選定し、ランキング化する、年末恒例の看板企画だ。新元号はこの3つの指標を高次元で満たす、文句なしの1位のはずだった。しかし、最後の最後で大どんでん返しが起きる。1位の座を射止めたのは、「デカトロン&ワークマンプラス」だった。

このとき、18年9月に開業したワークマンの新業態「ワークマンプラス」の1号店が、アパレル不況を物ともしない快進撃を見せていた。作業服のワークマンが、アウトドアショップになった。しかも、商品を変えず、売り方を変えただけでヒットに導いたという衝撃は大きく、新規性は満点と言ってよかった。売れ行きも申し分ない。しかし、まだ1店舗しかないというのが決め手を欠いていた。さらにネックとなったのが、影響力だ。ワークマン以外に広がりがなければ、影響力がある話題とはいえない。ちょうどそのとき、予期せぬライバルがフランスから降臨した。デカトロンだ。ワークマンと同じく低価格×高機能路線でありながら、世界最大のスポーツ用品メーカーという「黒船」でもある。阪急西宮ガーデンズ（兵庫県西宮市）からデカトロン日本上陸の一報がもたらされるや、当時の担当記者、臼田正彦は「この2つを合わせれば、アパレル業界に大きな影響をもたらすに違いない」と力説。日仏両雄が競いながら、空白市場を取りに行くという熱い展開を予測し、「デカトロン&ワークマンプラス」が1位となる材料はそろった。

ワークマンの土屋哲雄氏にとっては、願ってもいない展開だった。実は、土屋氏にとって「ヒット予測ランキング」に載ることは、この年、最大の目標と言ってよかった。出版に合わせて開かれる発表会には、毎年多くのメディアが詰めかけ、仮に上位に入れば、全国ニュースで取り上げられるチャンスがある。

作業服専門店に特化していた頃のワークマンは、新規性が皆無なので、全く縁遠いランキングだった。ワークマンプラスがヒットし、もしかしたらと期待しなかったわけではないというが、「まさか1位になるとは思わなかった」（土屋氏）。デカトロンが主で、ワークマンが従という並びではあったが、1位は1位で変わりない。土屋氏は、この一件から「ライバルをつくる」という作戦が極めて有効だと学んだ。「ワークマン単独だったら、1位はとても無理でしたからね」。土屋氏が「西宮戦争」という言葉をひねり出したのは、この後のことである。

「ヒット予測ランキング1位」のインパクトは絶大で、デカトロンと共にワークマンのメディア露出は飛躍的に増えた。しばらくはテレビの情報番組からの個別取材がひっきりなしに入り、新年のトレンドを占う年末年始の特番でも再び露出した。全国区への道が一気に開けたのだ。実際にこのヒット予測ランキングの発表会を終えた18年11月以降、ワークマ

ワークマンプラス大分1号店開業に際して配布したチラシ。左上に「日経トレンディヒット予測ランキング1位」のロゴを大きくあしらっている

ンは消費増税や観測史上最高の暖冬、新型コロナ禍といった逆風をすべてはねのけ、実に17カ月連続で既存店売上高が前年比2桁増という高成長を記録。19年8月にいたっては同54・7%増と驚異的な伸びを刻んだ。

「予測1位」から1年後、実際にヒットした商品やサービスをランキング形式で発表する日経トレンディ「２０１９年ヒット商品ベスト30」で、ワークマンは、タピオカやＰａｙＰａｙ、ラグビーＷ杯２０１９年日本大会といった並み居るライバルを抑えて堂々の1位に選出された。佐藤央明編集長（当時）は発表会で、こう胸の内を明かした。「ワークマンではなく、本当はデカトロンが来ると思っていた。だから、半分当たって、半分外れた気分」。アパレルのブランドが1位になったのは、2000年の「ユニクロ」以来のことだった。

日本初!? 過酷ファッションショーの舞台裏

「ワークマンプラス」の開業からちょうど1年がたった2019年9月5日、ワークマンは東京・新宿のルミネゼロを貸し切り、秋冬の新作発表会を開いた。ただの発表会ではない。「過酷ファッションショー」という名の、サブタイトルがついていた。

幕開けは穏やかだった。過酷とは名ばかりの、ごく普通のファッションショーが繰り広げられた後、商品説明会へと移った。このまま終わってしまうのか。そう思った矢先だった。照明が薄暗く変わり、場内は〝天変地異〟に見舞われた。視界を遮るほどの濃霧、容赦なく襲いかかる風、土砂降りの雨、季節外れの雪。悪天候にもひるむことなく、ランウエイを進むモデルたち。中央には、なぜか雲梯《うんてい》が置かれ、果敢にぶら下がった男性モデル

ワークマンのレインスーツを着て、土砂降りの雨の中で立ち尽くす女性モデル。過酷ファッションショーのクライマックスとなった

は、あまりの雨の強さに、思わず手を滑らせた――。

実は、舞台袖に暴風を吐き出すブロアーや降水機、降雪機を持ち込み、考え得る限りの荒天を再現していたのだ。過酷な環境に強いワークマンを、目に見える形で発信した、実にユニークな試みだった。

「SASUKE」をイメージ

実は、元になったのは、TBSのテレビ番組「SASUKE」である。筋力自慢の猛者たちが、目の前に立ちはだかるさまざまな障害物を、身一つで乗り越えていく、究極のサバイバルバトルだ。「S

ASUKEみたいに途中で池が置いてあったり、激しい動きを取り入れたりすると、うちの機能性が結構アピールできるんじゃないか」。19年4月、土屋哲雄氏を交えた営業企画部の打ち合わせで、そんな話が出たのが始まりだった。

もともとファッションショーを開きたいという思いはあったという。「東京ガールズコレクションや関西コレクションなど、メジャーなイベントはあるが、一企業がマスコミ向けにファッションショーをするのは珍しい。ワークマンっぽい、ワークマンならではのファッションショーとは何かと掘り下げていくと、悪天候を再現するというアイデアは必然的に出てきた」と振り返るのは、営業企画部の林知幸氏だ。

しかし、さすがに「SASUKEファッションショー」という名前にするわけにはいかない。「TBSからクレームが来るだろうし、他の局も来てくれなくなる」（林氏）。では、どうするか。「過酷とか、過激というのがいいんじゃないか」。そう口火を切ったのは、土屋氏だった。「過激だと、ちょっと危ない感じがするが、『過酷ファッションショー』なら、すごく興味を引くフレーズ。それにしようと、決まった」（林氏）。4月の後半には「過酷ファッションショー」という言葉が社内で定着した。あとは中身をどうするかだ。

「雨を降らせてみても面白いんじゃないかという話になった。できるかどうかは別として、

濃霧の中、雲梯に挑む男性モデル

確かにそういうことをやっている企業って、なかなかない。とにかく『日本初』とうたいたかったので、じゃあ、暴風やミストも面白いんじゃないか。カタログにも防風、防寒、防水、防滑、はっ水といった機能をうたっていたので、じゃあ、それを試せるファッションショーがいい」(林氏)。とんとん拍子で決まっていった。

雲梯という、ファッションショーとしては、異質の構造物を中央に置いたのは、他ならぬSASUKEファッションショーの名残だ。「ランウェイを普通に歩くだけでなく、アスレチック的な障害物を置きたかった。あんなところに雲梯があるのは、正直に言って違和感があったが、本番では、やらせではなく、本当に男の方がSASUKEのように落ちてくれた。雨で濡れ濡れの雲梯を素手でつかんで前へ前へと進んでいく。本当にもう耐えられなくて、限界が来たんでしょう。結果的に絵になってよかった」と林氏は胸をなでおろした。

リハーサルができない「胃に穴が開く日々」

ワークマンがメディア向けに新作発表会を開くのは、これが2回目だった。林氏が所属する営業企画部は、加盟店向けの展示会やイベント、新店舗の内覧会、広報、PR業務を担っている。しかし、メディア対応は、お世辞にも慣れているとはいえなかった。ワークマンがスポットライトを浴びたのは、18年9月のワークマンプラス開業以降である。それまでは、加盟店のオーナーや、ブロガーなどファン限定で、新商品発表会を開いてきた。

初めてメディアを招待したのは、19年の3月19日だった。東京・上野のワークマン東京本部で春夏の新作発表会を開いた。ワークマンプラスが大ヒットし、一般客が急激に増えたため、さらなる露出拡大を図ったのだ。小手調べのつもりだったが、感触はかなりよかった。そして後片づけもしないまま、林氏は翌3月20日、兵庫県西宮市に向かった。「西宮戦争」の最前線を担う関西初のワークマンプラスとなる、ららぽーと甲子園店の内覧会があったからだ。こちらも民放各局を含む、主要メディアがすべて取材に訪れた。「19日、20日と2日続けて報道対応し、我々の中でちょっとした自信が芽生えてきた。そうなると、やっぱり次はどうするかという話になる。ワークマンの商品は、秋冬のほうが強くて、機能性も発揮できる。もっと来ていただける発表会にしたい」（林氏）。そこで外部の会場を借りて、本格的なファッションショーを開催する運びになったのだ。

しかし、荒天を再現するというアイデアをのんでくれる会場は、なかなか見つからなかった。あまりに郊外だと、メディアも難色を示すだろう。最終的にOKが出たのが、ルミネゼロだった。「新宿駅直結で立地もいい。ここを抑えられたのは本当によかった」と林氏は振り返る。しかし、苦労は、終わらなかった。前日までリハーサルができなかったのだ。「トラスを組んでその上にブロアーを置き、配管から水を出してというのができなくて。ぶっつけ本番という不安はあった。個人的にはもう胃に穴が開く思いだった」（林氏）。

「対策はしていますが、ご容赦願います」

企画だけでなく、もちろん、プレスリリースにも気を配った。リリースの原案を書いたのは、いつも通り、土屋氏だった。しかし、文章だけでは、日々発信される膨大なプレスリリースに埋もれてしまう。そう危惧した林氏は、動いた。「普通のファッションショーじゃない。過酷だというのをどうしても伝えたかった。そこで、ぱっと見ただけで『ああ、こういうファッションショーね』と、イメージできる画像をつくってみよう、と思った」。

フリー素材やストックフォトなど、あらゆる画像サイトを当たった。なかなかないなと諦めかけたときに見つかったのが、1枚の画像。「うちでも扱っているような赤色っぽいレインコートを着て、数人で大嵐の中を進んでいく画像を見つけた。それをすぐ買って、過酷ファッションショーという文字を入れてリリースにはめこんだ」（林氏）。

文章そのものは、土屋氏のセンスが遺憾なく発揮された。「**ランウェイに降水機、降雪機、ブロアーから大雨・大雪・暴風を吹き付けます。途中にアスレチック設備も設置して、アウトドアの『荒天時の過酷』な環境を再現します**」。このアスレチック設備とは雲梯のことである。まるで見てきたようにさらっと書かれているが、この時点ではリハーサルすらできておらず、まだ本当にできるかどうかも不明だった。

「大雨、大雪、暴風とか、書いちゃったんですよ。荒天時の過酷な環境というのも」。林氏が特に驚いたのが、「**対策はしていますが観客席の前列では多少水や雪がかかる場合もありますので、ご容赦願います**」というフレーズだった。

「これは、すごい文章で。『ええっ、まじか』『かかるんかよ』と思った。一方で、かかるならそれをおいしいと思うマスコミさんも出てくるんじゃないか」（林氏）。ある意味では賭けだった。しかも、さらに踏み込んだ表現まであった。

「リアルな状況で当社製品の防水、防雪、撥水、防風・防寒、防滑などの機能の高さと動きやすさを実演するデモを行いますので、**モデルは多少体力と運動神経のよい方に絞っています**」ともあった。これも土屋氏のセンスだという。

極め付きは、タイトルだ。「**日本初!?新宿ルミネゼロで大雨・大雪・暴風が登場する『過酷』ファッションショーを開催**」と銘打ったが、「日本初かどうか分からないので、はてなを入れときゃなんとかなるかなという勢いだった。正直、過酷ファッションショーって受け狙い、話題づくりなので。ぶっつけ本番の割に、リリースではもう言いたいこと言った。

なんとかマスコミさんを呼ばなきゃ、という思いだった」と林氏は明かす。

このプレスリリースをワークマンは、旧盆を前にした19年8月6日に発信した。一方で、当の出演モデルには、その内容を、前日のリハーサルまで一切伝えていなかった。あくまでも、普通のファッションショーとして募集したのだ。「前半は普通の魅せるファッションショーだったので、身長も高く、ビジュアル的にもしっかりとしたモデルさんを選んだが、この内容を伝えると集まらないんじゃないかと思った」（林氏）。

演出でタッグを組んだのは、大手広告代理店のADKマーケティング・ソリューションズ（旧アサツー・ディ・ケイ）である。ただ、ADKもさすがに過酷なファッションショーは未体験で、設営も手探りだった。特に難しかったのは安全面との両立だ。仮に出演者が足を滑らせてけがでもすると、イベント自体が台無しになってしまう。ある程度安全面も考えないといけない中で、9月4日のリハーサルを迎えた。しかし、一通り終えて、林氏は、どうもしっくりとこないと感じた。

「やっぱり、ちょっと緩かったんですよ。雨も風も。雨なんて、パラパラパラっという、にわか雨程度だった。『これだと過酷ファッションショーって、言わないんじゃないの？』という思いがあった。我々としてみたら、リリースを出したので、もう後には引けなかった。

生半可な環境だと、全く意味がなかった。より過酷に。来た人が、がっかりするようなファッションショーにはできないという思いがあった」

時計の針はもう22時を指していた。しかし、そこからすべてをやり直した。「水を送る量も一番強くしてほしいと頼んだ。もっとマックスに、もっともっと、って」（林氏）。

ADKからは「水で濡れると、カメラマンがV（ビデオ）を撮れない」とも指摘されたが、そんなの関係ないというぐらいの勢いで、深夜1時まで試行錯誤を重ねたという。当初2個だった大型ブロアーも、予備を引っ張り出して4個に倍増し、送風する場所も変えた。当日も朝早くに会場入りして、リハーサルを重ねた。そして、ついに「これなら過酷と呼べる。安全と過酷を両立させるというぎりぎりのところで落とし込めた」（林氏）。

出演モデルには前日のリハーサルで初めて種明かしをした。荒天下でランウェイを歩く。未知の体験だったが、1人も辞退を申し出なかった。しかし、まさか、リハーサル終了後、さらなる荒天への挑戦が続けられていたとは、誰も知る由もなかった。「だから、モデルさんはびっくりしたと思いますよ。あれ、昨日と違うなみたいな」（林氏）。

特に女性からはメークが落ちるのを心配する声が聞かれた。「特に目だけは何とかして守りたいというので、当日になって急にメガネを買いに行った」（林氏）という。

過酷ファッションショーは、粉雪で締めくくった

出演モデルには、とにかく演技をしてほしいと求めた。「ファッションショーは服が主役なので、モデルさんは服を見せるために、どちらかというと無表情になりがちだった。より過酷というのを見せるために『雨が降ってもうたまらん』というぐらいの表情をしてほしい。それも当日の朝にお願いした」（林氏）。

結局、男性モデルは雲梯から手を滑らせるというハプニングがあり、「女性も、雨の中、顔を覆うようにして『もうちょっと無理、何とか私、立っています』というぐらいの演技をしてくれた」（林氏）。最前列で見守っていたテレビ局の女性レポーターにも、雨は容赦なく降りかかり、ほぼリリース通りの過酷な環境を再現することに成功した。

唯一、雪だけは設備的に限界があり、大雪ならぬ粉雪で終わった。「本当はバアッと降らせたかったけど、ミストがあって、風が吹いて、雨が降って、最後、雪でほんわかと終わったので、あれはあれでよかったのかもしれない」（林氏）。最後は、土屋氏と出演モデル全員がランウェイに登場し、バズーカ砲で花吹雪が舞う中、「宣誓！ワークマンは増税後も値上げしません！」と力強くフリップを掲げた。消費税率が8％から10％に変更されても、ワークマンは変わらない。「機能と価格に新基準」を貫くというメッセージで締めくくった。

この過酷ファッションショーは、絵になるし、動画映えもするとあって、大々的に報道された。会場に詰めかけた報道陣は119人。19年9月12日までのわずか1週間で、テレビが13番組18回放映し、新聞・雑誌が9媒体、ウェブメディアが145媒体という驚異的な露出を勝ち取った。ワークマンにとって、テレビ放映の最高記録は19年5月、名古屋にワークマンプラスを初出店したときの10番組だった。絶対に越えられないだろうと思っていた壁が、あっさりと崩れた。プレスリリースを出した直後に5番組から参加の連絡を受け、開催直前になって急増。リハーサル日の夜中まで申し込みが続いたという。

何よりも、報道する側も、心から楽しんでいるのが伝わって来た。フジテレビの記者か

増税後も価格据え置きを宣言する土屋哲雄専務（写真中央）

らは「ワークマンさん、相変わらずくだらないこと考えますね」と言われたという。「僕は、それをすごい褒め言葉だと思って『でしょ』と言っちゃいました。笑いながら言ってくれたので『ああ、これは興味を示してくれているな』と思って。逆に真顔で言われたらめちゃくちゃ腹が立っていたと思います」と林氏は笑う。20年5月に放映されたテレビ東京系の経済ドキュメンタリー番組「ガイアの夜明け」でも、このショーの模様があらためて放映されるなど、「ワークマンといえば過酷ファッションショー」という強烈なインパクトを残した。

実は、ショーは2部構成で、夕方から

ファッションショーの会場の外には、新作がずらりと並んだ

は、インフルエンサー60人を集めた後半戦が予定されていた。つまり、荒天の環境も2回再現する必要があった。しかし、実際は2回では終わらなかった。テレビクルーが「体験してみたい」と申し出てくると予想し、ショーの終了直後に「ランウェイ体験コーナー」の時間を確保していたのだ。雨でびしょ濡れになったランウェイを元通りにし、バズーカ砲で散らばった花吹雪を回収するのに、どうしても1時間半から2時間はかかる。第2部の準備を考えると、早く片付けに移りたい。しかし、撮影時間も極力割きたい。ギリギリ用意できたのが80分間だった。

1番組20分を目安に収録に応じ、ワー

クマンの衣装を貸し出して雨がいいのか、風がいいのかと尋ねた。「ほとんど雨だったので『じゃあ、もう1回、雨降らせますよ。いいですか、マックスで行きますよ』と（日本テレビ系の）『ZIP！』用に、（テレビ東京系の）『ワールドビジネスサテライト（WBS）』用にと番組ごとに体験してもらった。レポーターはうちの服を着ているので、水をはじいて大丈夫だったけど、カメラマンはびしょ濡れになりながら撮っていた」（林氏）。

この進行管理にも苦労したという。「『もう時間なので』と言っても、向こうは視聴者に受ける映像が撮れるまでやりたいわけですから」（林氏）。その後、急ピッチで後片づけを済ませ、何とか第2部に間に合った。結局、朝のリハーサルも含めると、10回は豪雨を降らせたことになる。

インスタグラムの効果を実感

イベントは開いて終わりではない。ワークマンは必ず、その波及効果をさまざまなデータから読み解いている。過酷ファッションショーで得た最も大きな収穫は、ワークマンの商品に対する期待が大きいことを、直接感じられた点にあったという。特に社内でも驚きを持って受け止められたのが、インスタグラムでの反響だ。ワークマンは、過酷ファッションショーで初めてインスタグラマーを招待した。

「今まで我々はインスタグラムというのをほとんど重要視していなかった。インスタと言うと『映え』とか『ジェニック』の世界。我々の機能性の高さを紹介するのは、長文が書けるブログや、動画ならユーチューブがいいと思っていた」（林氏）

招待したインスタグラマーは15人。1人1万リーチで計15万リーチが目標だったが、結局、想定の2・5倍以上の41万リーチに達した。さらに、「いいね！」やコメント数、画像保存の件数を足し合わせたエンゲージメントは、目標の4500件を大きく上回る7700件まで伸びた。「テレビ番組は視聴率でしか判断できないが、SNSは数字で追えるので、より効果を測りやすい」（林氏）。結果として、SNSに本腰を入れるきっかけになり、いわゆる「コネクテッドストア構想」にもつながった（206ページ）。

ワークマンが、公式ツイッターとインスタグラムを始めたのは、過酷ファッションショー4日前の19年9月1日だった。最後発に近いタイミングだが、開設から9カ月（20年5月末時点・以下同）でツイッターのフォロワー数は2万2000人に達した。実はそれ以上に急伸したのが、インスタグラムだ。そのフォロワー数は約5万7000人で、投稿をするたびに約2000件ものいいね！がつく。フォロワー数に対するエンゲージメント率は毎回3％以上。名だたるアパレル企業と比較しても高水準で、「＃ワークマン」をつけた投稿も累計で約3万6000件まで増えた。

ワークマンは、ハッシュタグのバリエーションがとにかく豊富だ。「＃ワークマン女子」は1万件を超え、「＃ワークマン男子」は2600件を上回る。「実は、モンベル女子や、ノースフェイス女子という投稿は、すごく少ない。だから『ワークマン女子』はトレンドと言ってもいいぐらいのコンテンツになってきている。ハッシュタグが増えたということは、それだけワークマンの商品を発信してくれているということ。過酷ファッションショーが、フォロワーとハッシュタグの増加に一役買ってくれた」と林氏は語る。

次は渋谷ヒカリエで「アンバサダーファッションショー」

実は、過酷ファッションショーには続きがある。20年10月1日、第2弾を東京の渋谷ヒカリエで開催する予定だ。今回は、モデルに加え、ワークマンの公式アンバサダー（141ページ）も登壇し、アンバサダーが自ら開発に携わった服をまとい、ランウェイを歩く。

ステージ後方にはスクリーンを置き、アンバサダーの紹介VTRを流すことも考えている。もちろん「過酷」の演出もよりパワーアップさせる。

「前回でかなり周りの期待値が膨らんでいるので、プレッシャーはすごいが、できる範囲で、もうちょっと過酷にしていきたい」（林氏）

前回は確かに話題にはなったが、商品の機能を十分にアピールできなかったという反省点がある。「ランウェイをモデルさんが歩くだけなら別にうちの商品じゃなくてもできる。ワークマンを着て、どれだけ体が守られたのかということをアピールしないといけない。大雨の中を歩いてぱっと上着を脱いだら『中が全く濡れていないんですよ』とか、そういう最後の決めの演出をもうちょっとしっかりしたい。それは次で改善していこうと思っている」（林氏）。

荒天以外の演出も検討中だ。「床を少し滑りやすくして足元の靴に注目してもらうとか、東京オリンピック・パラリンピックに向けて、ストレッチの利いた、動きやすい服もアピールしていきたい」と林氏は意気込む。ワークマンは弾む厚底シューズ（116ページ）やストレッチデニムなど、次々と新商品を開発している。ラインアップの拡大とともに、見せられる演出の幅も広がっているのだ。

アイデアはそれこそ湧水のごとく湧いてくる。「（土屋）専務は感性が鋭い方なので、『ネットでこういうのが話題になっている』『こういうアイデアはどうだろうか』というのが次々と出てくる。僕らもそれに負けないようにアンテナを張り巡らせている。だから大筋は変わらないまでも、過酷を表現する手段は、状況によって変わってくるかもしれない」。林氏はそう含みを持たせた。

目指すは「ワークマン、また変なことやっているな」と思われる演出だという。「次の目玉は、アンバサダーファッションショー。アンバサダーさんをどれだけしっかり紹介できるか。退屈にさせないよう、ショー自体は1時間以内で抑えたい」（林氏）。

過酷ファッションショーを機に、ワークマンの知名度はぐんと高まった。しかし、ワークマンがイベント以上に重視しているのは、店づくりである。店の看板を時間帯によって変えるという驚きのアイデアでこれまたメディアをジャックしたのは「変身店舗」だった。

第6章

店づくりは壮大な実験

2分で看板、店内早変わり「変身店舗」登場

黄色と黒のロゴに「WORKMAN」の文字。ロードサイドでおなじみのあの看板が、突如消えた——。代わりに「今、店の中でスゴイことが起きてます！」「変身中」と表示されるや、あっという間に、スタイリッシュな新業態「ワークマンプラス」のロゴへと切り替わった。近寄って看板を見上げると、かつての列車案内版のようにパタパタ式になっている。ワンタッチで看板の文字を切り替えられる仕掛けが施されていた。

ここはJR大宮駅西口から4キロメートルほど離れた住宅地。ワークマンさいたま佐知川店（さいたま市）が「W's Concept Store さいたま佐知川店」という名の〝変身店舗〟にリニューアルし、2020年3月19日にグランドオープンした。

10時になると、ワークマンからワークマンプラスへと看板が変わる

「W's Concept Store さいたま佐知川店」は、時間帯によってワークマンとワークマンプラスが切り替わる仕掛けを盛り込んだ。写真はワークマンプラスバージョン

「変身中」という言葉通り、毎日10時と16時30分に店名が変わる。営業時間は7～20時。つまり、7～10時はワークマン、10～16時30分はワークマンプラス、16時30分～20時はワークマンという、異色の店舗が生まれた。

大型モニターに「変身ムービー」

変わるのは看板だけではない。壁面に8枚並んだ55型の大型モニターに「変身ムービー」が流れるのだ。10時になったのを合図に「ワークマンからワークマンプラスに変身する時間でしょ！」という特大テロップが画面に踊り、女性に急かされながら、作業服姿の男性がカジュアルなウエアに着替えて外出の準備をする。一方、16時30分になると「ワークマンプラスからワークマンに変身する時間でしょ！」と映し出され、テントを張ってくつろいでいた男性が、慌てて作業服に着替える。

変身ムービーと連動するように、壁をよじ登るように置かれた巨大なマネキンの〝動作〟も変わる。マネキンと向き合う形で立てかけた縦長モニターの映像が、時間によって切り変わり、同じマネキンがあるときはボルダリングに挑み、あるときはビルのガラス清掃に

ワークマンプラスの営業中は、マネキンがボルダリングに挑戦

励んでいるように見える。変身ムービーとマネキンを巧みに使って、ワークマンの商品はオン、オフ両方で着こなせるというメッセージをコミカルなタッチで表現したのだ。

変身ムービーが終了すると、店内の照明や香り、BGMが一気に変わる。例えば、ワークマンの時間帯は白く明るい昼光色の照明で、洗い立てのシャツのような清涼感ある香りで店内を包む。ワークマンプラスの時間帯は、柔らかい暖色系の照明とベルガモットティーを思わせる香りでリラックスタイムを演出する。

店内のBGMも時間帯によって3パターン用意した。〝朝のワークマン〟では、ロックやインディポップなどモチベーションを高める曲を、〝日中のワークマンプラス〟では落ち着いたアコースティックナンバーを中心にセレクト。〝夜のワークマン〟は明日も頑張ろうと思えるようなノリのいい楽曲を流すなど、来店客の気分に合わせて空間全体をコーディネートする。

「2店を1店に」ラボのように運営

なぜ、ワークマンは奇抜な変身店舗の開発に踏み切ったのか。最大の狙いは「ワークマンとワークマンプラスの商品が同じである」ことを目に見える形でアピールしたかったからだ。ワークマンは18年9月、ショッピングモール「ららぽーと立川立飛」（東京都立川市）にワークマンプラスの1号店を開業した。ワークマンが扱う膨大な商品群から、街着としても使えるカジュアルウエアを切り出し、アウトドアショップのような店構えに一新。作業服店という従来のイメージを覆した。これがワークマン大躍進の引き金となった。

はっ水、防水加工を施した機能性の高いカジュアルウエアが激安価格で手に入るとして、新規客が急増。既存店と全く同じ商品を扱いながら、外観や照明、陳列方法など、見せ方をカジュアルに変えただけで空前の大ヒットに導いたのだ。

その後の新規出店はすべてワークマンプラスとし、並行して既存店の「ワークマンプラス化」を推し進めた。男性の職人中心だった客層は一変し、ショッピングモール内のワークマンプラスに限れば、今や女性客の割合が半数を超える。

この「見せ方を変える」という成功体験を進化させたのが、今回の変身店舗である。仕掛け人は、ワークマンプラス生みの親でもある土屋哲雄氏だ。

「ワークマンプラスは見せ方を変えたから売れた。ただ、見せ方を変えたがゆえに、ワークマンとワークマンプラスが同じ商品を扱っており、ワークマンでもワークマンプラスの商品が買えることが伝わっていない」（土屋氏）。そこで編み出したのが、変身店舗というコンセプトだった。

「2個に分かれた店を1個に戻す」（土屋氏）。棚割りを全く変えずに、時間帯によって看板を変える。そうすれば、誰の目から見ても、ワークマンとワークマンプラスの商品は同じであることが伝わる。この店が広告塔として話題になれば、ワークマンプラスではない通常のワークマン店の集客もさらに伸びると考えた。

一見、奇想天外なアイデアに見えるが、店内に散りばめた仕掛けは、すべてワークマンプラスで得た知見が生かされている。例えば、10時と16時30分という変身時間も、統計に基づいてはじき出した。「職人向けの商品と一般客向けの商品の売れ行きを分析したら、職人は朝と仕事終わりに多く訪れ、一般客は日中に来店していることが分かった」（土屋氏）。だから看板を変えた。

購買傾向にも明確な違いがあった。職人は必要なアイテムのみを購入する「目的買い」が多く、滞在時間が短い。一方、一般客は長居してあれこれと品定めする。だからこそ、日中はゆっくりと商品を選べるよう、照明、香り、音楽をリラックスモードに変えることにしたのだ。とりわけ効果が大きいと感じたのは照明。「ライティングを変えるだけで、雰囲気ががらりと変わる。ホームセンター風の店がアパレル店になる」と土屋氏は説く。

埼玉を1号店に選んだのも、全国で最もワークマンの店舗が多い〝総本山〟だからだ。「古い、昔ながらのワークマンが多い分、客層の変化も見えやすい。照明なのか、映像なのか、BGMなのか。どの仕掛けが最も有効だったかを、数カ月かけて見極めていきたい」（土屋氏）。変身店舗を〝ラボ〟のように運営し、今後の店づくりに生かしていく考えだ。

「俺たちのワークマンは？」に一念発起

「W's Concept Store」という店名の「W」はワークマンの頭文字であると同時に、同じ店舗でも見せ方一つで職人向けにも一般客向けにも見えること、同じ商品がワーキングウエア（作業服）としてもアウトドアウエアとしても使えること、どの商品も低価格であり機能性も高いという、3つのダブルの意味を込めた。ワークマンプラスで、世間をあっと言わせた「空間戦略」に磨きをかけたのだ。

売り場の広さはワークマンが標準店舗と定める100坪（330平方メートル）で、正面から左側には街着としても使えるカジュアルウエアが並ぶ。20年2月、東京・南砂町のショッピングセンター「SUNAMO」に開業したワークマンプラスの新店舗で「5分で100着完売」という金字塔を打ち立てたストレッチ素材のワンピースをはじめ、女性向けの商品を大きく拡充。アンバサダー（141ページ）とのコラボ商品や、激安の超軽量シューズ（117ページ）など、目玉となる新作、自信作をずらりとそろえた。

一方で、店内の右側にはヘルメットや長靴、軍手、作業服といった、ロングセラーの職

「5分で100着」を売り上げた「ハイストレッチUVアクトワンピース」(税込み1500円)

人向け商品をしっかりと常備した。このレイアウトにも理由がある。もともと職人客が多い地域のため、従来の売り場をおろそかにできないと判断。リニューアルを機にワークマンプラスに切り替えるのではなく、ワークマンの品ぞろえや雰囲気をある程度残せる変身店舗という選択肢を選ぶことにした。ワークマンでありワークマンプラスでもあるという「変身看板」だけでなく、品ぞろえでも、職人と一般客の二兎を追う作戦に出たのだ。商品の売れ行きを見るうえでも、この場所は実験拠点になりそうだ。

　土屋氏には葛藤があった。ワークマンが有名になり、テレビやファッション誌

ヘルメットなど職人向けの商品も切らさないよう常備した

で大きく取り上げられるようになるにつれ、女性客は着実に増えた。家族で買い物する姿もよく見かけるようになり、客層も大きく拡大した。うれしい限りだったが、一方で昔を知る常連客からは「悲報！俺たちのワークマンは、どこに行ってしまったのか」という、嘆きにも似た声が聞かれるようになったという。ロードサイドの垢抜けない店が、いつの間にかぱっと明るく華やかになり、商品もだんだん洗練されていった。ショッピングモールのワークマンプラスにいたっては、見た目までアウトドアショップになってしまった。俺たちのワークマンが、みんなのワークマンになってしまったという寂寥感がネット上に広がったのだ。土屋氏は、だからこそ変身店舗が必要だと思った。時間帯によって装いを変えることで、「職人にも一般客にも自分の店だと思ってもらえる、共存共栄の店づくりを目指す」と意気込む。

実際にオープン後、職人客の反応はおおむね好意的だった。「少なくとも自分の店だと思って入ってきてくれている。寂しいという声は全然なくなった」（土屋氏）。早くも効果を感じたのは、大型モニターだ。作業服を大きく映し出すなど、仕事モードへと切り替える演出が、思ったよりも受けた。「55型のモニターなら10万円以下で買えるはず。10個つけても100万円で用意できる。工場やトラック、建設現場の写真を映し出すというのも面白い」（土屋氏）。一方で、制作に500万円を費やした、渾身《こんしん》のパタパタ看板は過剰投資だと映った。まだまだ実験を続ける考えだ。

初の変身店舗という話題性もあり、佐知川店の初年度目標売上高は、駐車場のフル回転を前提に3億円と定めた。既存店の平均を2倍以上も上回る、強気の予測だ。見込み通りに成功すれば、今後は立地に応じて、ワークマンか、ワークマンプラスか、それとも変身店舗なのか選べるようになる。変幻自在の出店戦略で、一段上の成長へと導けるか。変身店舗は、ワークマンの今後を占う重要な一手となる。

まだまだある「第2、第3のワークマンプラス」

「ワークマンプラス」に変身店舗。驚きのコンセプトストアを、息つく間もなく繰り出してきたワークマン。〝参謀〟である土屋哲雄氏の頭には、次なる青写真がいくつもある。切り札の1つと目するのが、AI（人工知能）で最適な売り場を案内する「AI接客」だ。

例えば、男性アイドルの顔のパターンを機械学習し、来店客のイケメン度を判定する。「イケメンには、紹介する商品の幅を広くするのがいいんじゃないか、と考えている。ジャニーズ系が来たら、なんでも似合いますからね。うちが得意とするストリート系、ド派手系のファッションもかっこよく着こなせる」（土屋氏）。既に研究は始めており、この「イケメン判定」は技術的に実用可能なレベルに達しているという。

ただし、実際には本当にイケメンかどうかは求めていない。「遊びの要素を残したほうが面白い。イケメン判定も緩めにして、みんなイケメンになっちゃうぐらいのほうが楽しんでもらえる」（土屋氏）。すべては、目に入る商品の幅を広げてもらうのが狙いだ。

近年、増えてきた女性客には、ファッションチェック的なコンテンツを想定している。「今着ているファッションからＡＩが類推して、アウトドアならこういう商品がいいんじゃないかと、売り場をレコメンドできたら面白いと思っている」（土屋氏）。

とはいえ、ＡＩの分析を基に店員が接客するのでは、店員の負担が増すばかりだ。そこで、土屋氏は、売り場の案内を自動化することをもくろんでいる。「例えば、進むべき売り場への矢印を天井にライトで映し出すとか、ちょっとしたアイデアですぐにできちゃうはず」。店内案内版を導入し、男性コーナー、女性コーナーと表示するのも一手だという。時間帯によって看板を変える「変身店舗」で得たノウハウをここで生かそうというわけだ。

基本的にワークマンのカジュアルウエアはユニセックスである。つまり、男性でも女性でも着ることができる。だから本来、男性売り場、女性売り場と分ける必要はないのだが、あえて案内板なり、矢印で指し示すことで「自分のための売り場」だと思ってもらえる効果を期待している。「女性が来たら、店内のモニターをワークマンレディースにしちゃって、男性が来たらワークマンにしちゃうとか。変身店舗の延長で仕掛けていきたい」（土屋氏）。

次は「レディース」「シューズ」「レイン」？

このワークマンレディース構想は、遊びではない。土屋氏は本気で、女性向けの専門店をつくる計画を温めている。ショッピングモール内のワークマンプラスは、女性客の割合が半数を占める。しかし、「現状の店構え、品ぞろえでは、どうしても男性中心という印象が拭えない。女性が肩身の狭い思いをしているところがある。だから、女性中心の店をつくりたい」（土屋氏）。

ワークマンレディースという名前にするかは未定だが、決めているのは、ワークマンプラスと全く同じ手法を使うこと。既存店から一般受けする商品を切り出し、アウトドアショップ風に見せることで大ヒットしたワークマンプラスと同様に、既存店から女性が普段着として使える商品を切り出して、まずはショッピングモール内の専門店として出店する。「ワークマン初の女性向け店舗」としてメディア露出を強化し、既存の路面店でも女性向け売り場を拡充。その後、近所のワークマンでも同じ商品が買えるとアピールすることで、全国的に女性客の来店比率を引き上げる作戦だ。

実は、検討中のコンセプトストアは、これだけにとどまらない。税込みで980円、1500円、1900円という3プライスで固めたPB（プライベートブランド）の激安靴専門店、いわゆる「ワークマンシューズ」の展開も考えている。フランスのシューズメーカーをベンチマークして生まれた弾む厚底シューズ（116ページ）をはじめ、超軽量だったり、はっ水性があったりと、激安ながらも、しっかりとした機能性を打ち出す。靴の専門店を思い立ったのも、一般客向けに本腰を入れて開発した靴が、記録的な売れ行きとなっているからだ。

靴の専門店は巷《ちまた》にたくさんあるが、これだけ価格を大胆に下げている店はない。ワークマンプラスがユニクロやアウトドアメーカーとの差別化に成功したように、靴でもABCマートという巨人と違う土俵で勝負できる。いわば、ここでもブルーオーシャンが狙えるのだ。「ABCマートさんは5000円、6000円の価格帯では、絶対に強い。得意分野で勝負すると、負けるのが見えているが、980円と1500円と1900円だと全くぶつからない。値札も見ずに、考えないで買えてしまうから。だから、靴はあれだけ激戦区なように見えて、まだ、きちんと空白マーケットがあるんですよ」（土屋氏）。

「ワークマンレイン」とも言うべき、「雨の日用の専門店」も考えている。目玉は、街歩きにも使える「透湿レインスーツ」シリーズだ（137ページ）。ワークマンが最も得意とし、改良に改良を重ねてきた秘蔵っ子のようなアイテムである。特にバックパックを背負ったまま着られるバックインタイプのレインスーツは、背中の部分が開閉できる仕様になっており、雨が止んでも着続けられる。土屋氏も「使いやすくて柄もいい。外出するときは、たいていこれを着てしまう」というお気に入りだ。この他、完全防水・はっ水のデニムパンツ、女性向けの防寒ブーツなど、こちらも既にある商品を切り出すだけで、簡単に専門店がつくれてしまう。「日本はそもそも雨の国で、1年間のうち全国平均で120日間、雨が降るというデータもある」（土屋氏）。にもかかわらず、レイングッズに特化した有力な専門店はない。出店すれば、必ず、ある程度のシェアは取れるというわけだ。

「とにかく競争したくない」

こうした、誰も気づいていなかった市場の隙間を見つけて、徹底的に攻め込むのが、ワークマンがワークマンたりうる理由である。40年間も作業服専門店として独走してきた

DNAが、今なお生きているのだ。土屋氏はこう言い切る。

「うちは、とにかく競争したくない会社だから」。負ける勝負はしない。競争して負けるぐらいなら、最初から勝負しないほうがましだとさえ考える。

そもそもワークマンプラスがいけると読んだのも、ライバルが不在だと見たからだ。あれだけ「西宮戦争」とあおったデカトロン（156ページ）も、商品ラインアップを見ると、実は、ほとんどかぶっていなかった。しかし、マーケットとは生き物で、永久に無風状態が続くわけではない。土屋氏はワークマンプラスを出店したときから「『ユニクロアウトドア』や『ユニクロスポーツ』が現れたら、撤退する。うちには第2弾、第3弾がある」ときっぱり話していた。その第2弾、第3弾というのが、ワークマンレディースであり、ワークマンシューズであり、ワークマンレインだったのだ。

女性向けのアイテムも、スリープライスの靴も、レイングッズも、既にある程度売れている。専門店といっても、売れ筋の商品をピックアップして並べるだけなので、商品開発の手間もいらず、売れないリスクも少ない。「それぞれが500億円程度を売り上げるポテンシャルは持っている。業態さえうまくつくれたら、売り場づくりは、ワークマンが昔からやってきたように、徹底したマニュアル化で何店でも展開できる。ところが、既存店で売り場がつくれない可能性がある」（土屋氏）。

どういうことか。ワークマンプラスは、ららぽーとなど、ショッピングモール内の専門店が広告塔となり、路面店のワークマンでも同じ商品が買えるからこそ、全国で売り上げが爆発した。第2、第3の専門店も同様に出店すれば、もちろん話題にはなるだろう。しかし、既存の路面店でもショッピングモールと同等の売り場面積を確保できなければ、ワークマンプラスの成功体験を再現できない。例えば、スリープライスの靴の売り場を拡大すれば、それだけ作業靴の売り場が手薄になる。それでは、売り上げの最大化を図れない。

ワークマンの路面店の売り場は基本的に100坪（330平方メートル）で設計されている。「現状では商品をこれ以上並べる容積がない。駐車場のスペースもこれ以上広げることは難しい。だから、今後は新店で150坪（約500平方メートル）の実験店を出したり、ショッピングモールでも140坪（約460平方メートル）程度の売り場を確保したりということも必要になってくる」（土屋氏）。そもそもこれ以上拡張できない既存店では、扱う商品を厳選しなければならなくなる。

しかし、「ウルトラC」に当たる奇策もオプションとしては持っている。完全に一般客に特化した路面店を出すという案だ。ワークマンとワークマンプラスは、店構えは異なるが、同じ商品を扱っている。せいぜい、職人向けの商品が充実しているのがワークマン、一般客向けの商品が充実しているのがワークマンプラスという違いにすぎない。

つまり、ワークマンとワークマンプラスは、別々の店ではなく、〝同一店〟と言っていい。オプションというのは、この〝同一店〟を、完全に2店に分けるという考え方である。もともと職人客が多い店は職人向けの商品に特化し、逆に一般客が多い店では街着として使える商品しか扱わない。これならば、売り上げの最大化を図ることができる。変身店舗で2店を1店にしたかと思えば、今度は1店を2店に分けるアイデアを本気で検討する。この変わり身の早さこそが、ワークマンの真骨頂である。

桜木町にワークマン？

これまで例に挙げたのは、いずれもワークマンプラス的な専門店を第2弾、第3弾と展開していくというアイデアだった。既存の戦略の延長線上にある。一方で、これとは別に、世の中にない全く存在しない店をつくるというプロジェクトも進行している。

舞台は、ＪＲ桜木町駅前。言わずとしれた港町横浜を代表するターミナル駅であり、ワークマンの中ではかなり都心型の店舗となる。みなとみらいへと通じる方面に出店用地を抑えてあり、駅を挟んで反対側には野毛という横浜最大の飲み屋街が広がる。立地は抜群だ。「桜木町は名前もいいから、何をやってもいい」（土屋氏）。それだけに、かなり思い切った試みをする。

それが、物販と情報発信を両立させ、かつ動画映えもするという「コネクテッドストア」だという。「静止画はもう古い。ユーチューブが全盛期を迎え、インスタ（インスタグラム）投稿も動画になってきた。ユーチューブをずっと見ていると、テレビよりも面白いと分かってきた」（土屋氏）。

店内の随所にユニークな仕掛けを施し、商品を買うだけではなく、ハッシュタグをつけて動画と共につぶやきたくなるような、そんな世界観を常設店舗で表現する。

「原宿でインスタ映えを狙った2週間限定のポップアップストアはあるかもしれないが、それを常設でできないのか、と。例えば、試着室をインスタルームにして、鏡も動いて取り外せるようにするとか。そもそも動画映えするディスプレーを置くとか。より進化した変身店舗を見せたい」（土屋氏）

ワークマンが、こうした実験店舗を出そうとするのには理由がある。ワークマンプラスの大ヒットにより、女性客は目に見えて増えた。「ワークマンが（ファッション誌の）『CanCam』に取り上げられるなんて、今までなら考えられなかった。それでも、まだ20、30代の利用客は少ない」（土屋氏）。空白世代を狙い撃ちするため、売り場の見せ方を最大級にとがらせ、さらに、ワークマン公認のアンバサダー（141ページ）も投入する。

アンバサダーがマネキンをコーディネートしたり、店内のポップをデザインしたりと、店づくりに全面協力し、インスタやユーチューブ、ブログなどでも積極的に発信してもらう。「彼女らの写真を、店のパネルにしちゃうとか。ワークマン関連のインスタが上がると、リアルタイムでその画像が表示されるというのもいいかもしれない。とにかく、コネクテッド（＝つながる）という要素を入れたい」（土屋氏）。

単に、奇をてらった見せ方ではいけない。「もちろん、最高に売れなきゃいけない。売り上げでも、ナンバーワン店をつくる」と土屋氏は語る。自らが今、一番やりたいことと断言するアンバサダーマーケティングの力を、この実店舗で存分に見せつけるつもりだ。

楽天からあっさり撤退「店舗受け取りの時代が来る」

2020年1月下旬、ツイッターのトレンドランキングで「ワークマン」が急浮上した。楽天が運営するネット通販サイト「楽天市場」から撤退することが明らかになったからだ。

このとき、楽天市場は揺れていた。税込み3980円以上購入すれば、どの店舗でも送料を一律無料とするサービスを、楽天が3月18日から始めると発表し、一部の出店者が事実上の送料負担を強いられると猛反発。任意団体「楽天ユニオン」を設立し、独占禁止法違反を理由に、公正取引委員会に楽天への調査を求めた。公取委側も「優越的地位の乱用に当たる可能性がある」としたうえで、必要な調査に入る方針を示した。

そんな折、掲載された2月末日をもっての「ワークマン楽天市場店 閉店のお知らせ」。ワークマンが送料無料化に公然と反旗を翻し、先陣を切って撤退したとの見方が広がり、「楽天離れ」がいよいよ始まったと大きな話題を呼んだ。しかし、実は送料無料化がなくても、ワークマンは楽天から撤退するつもりだった。つまりは決定事項だった。この時期の発表となったのは「ワークマン史上最大となるＩＴ投資」で開発を進めていた〝秘密兵器〟が完成し、導入のめどが立ったからである。

それが、「Ｃｌｉｃｋ ＆ Ｃｏｌｌｅｃｔ（クリック&コレクト）」に対応した通販ソフトだ。クリック&コレクトとは、通販サイトで商品を選んで購入し、店頭で受け取る仕組みのこと。ワークマンは楽天市場店を閉める一方、3月16日に自社のオンラインストアをリニューアルし、店舗受け取りに本格対応した。使い方は、商品をカートに入れて注文を確定し、受け取る店舗を指定するだけ。あとは営業時間内に来店すれば、手数料無料で購入できる。特徴は店頭在庫を活用していることにある。店内の商品を取り置きするだけなので、スピーディーに受け取れる。宅配を待つよりも店に行ったほうが欲しい商品がすぐに手に入り、試着やサイズ変更もその場でできる。むしろこれまでよりも利便性が高まるというわけだ。

「打倒Amazon」3つのスローガン

土屋哲雄氏は、もともとワークマンの店舗網をもってすれば、クリック&コレクトをメインにするほうがいいのではないかと考えていた。「日本みたいに狭い国では、通販よりも店舗受け取りでいいんじゃないか。例えば、セブン-イレブンが通販を怖がっているかというと、そんなことはない。むしろ、セブンのほうが通販より便利だ。飲み物は冷やしてあるし、食べ物は温めてくれるし」(土屋氏)。

事実、英国ではクリック&コレクトが主流で、ドラッグストアの「ブーツ」や老舗スーパーの「マークス・アンド・スペンサー」では店舗受け取りを選ぶ客が7割以上を占めている。香港では狭い土地に店舗が密集しているため、通販自体が発達していない。日本も同様に、ある程度の店舗密度があれば、来店してもらうほうが便利だし、企業側にとってもメリットが大きいと踏んだのだ。

店舗在庫を使って店頭で受け取ってもらうようにすれば、配送費が不要になるし、来店客も増える。オンラインストアで在庫を公開しているため、電話の問い合わせも減り、店側の負担軽減にもつながる。ワークマンは大半の店がフランチャイズのため、通販よりも店舗受け取りのほうが、店の売り上げが上がってオーナーが喜ぶ。クリック&コレクトこそが、ワークマン、利用者、加盟店オーナーの「三方よし」につながるという理屈だ。

土屋氏は「そもそも、配送費を負担しているようでは、Amazonに勝てない。Amazonは、小手先の努力や工夫で勝てる相手ではない。負けない仕組みで勝負するしかない」と常々説く。Amazonは、その圧倒的な規模とスピード力で、世界の小売りをのみ込んだ。何もせずとも消費者から選ばれる「EC(電子商取引)の巨人」と対峙するには、打倒Amazonのスローガンを掲げなければならない。それは3つある。

①Amazonに定価で負けない
②Amazonに販促費で負けない
③Amazonに配送費で負けない

まず、Amazonで扱っている商品に、価格で負けているようでは話にならない。そこで、ワークマンはどのメーカーよりも安く、機能性も高いPB(プライベートブランド)の開発を進め、作業服には10年の供給保証をつけて参入障壁を高めた。

第2に、テレビCMなど販促費をかけなくても商品を売り切る力をつけなければならない。Amazonは「ダントツナンバーワン」（土屋氏）のブランド力があるため、宣伝しなくても人が集まり、売れるからだ。だからこそ、インフルエンサーを組織化し、アンバサダーマーケティングに力を入れることにした（141ページ）。

そして、満を持して手をつけたのが配送費だった。Amazonは年額4900円（税込み）のプライム会員になるだけで、送料が無料になる。プライム会員には、映画・ドラマの見放題や音楽の聴き放題、電子書籍の読み放題など、さまざまなサービスが付帯しており、契約者数は極めて多い。配送費を1円でも徴収するだけで負けてしまうのだ。

ワークマンはそもそも毎日、本部と店舗の間をチャーター便で結び、大量配送している。仮に店頭在庫がなくても、本部に在庫があれば、このチャーター便に乗せるだけで、最短で翌朝には店舗に届けられる。この仕組みを活用して通販ではなく、店舗受け取りを選んでもらうことで、宅配代は不要になる。そのための一手がクリック&コレクトだった。

「将来的にはネット販売の『宅配』そのものを廃止したい」とまで土屋氏は語る。オンラインストアは継続するが、在庫が分かる商品カタログとして使ってもらい、基本的には店で購入してもらうのが理想だ。「店で選んでネットで買う」というショールーミングとは真逆の「ネットで選んで店で買う」戦法でAmazonに立ち向かおうとしているのだ。そのために受け取り拠点となる店舗を増やす。空白地にさらなる出店を進める計画だ。

まずは、年間の新規出店ペースを従来の25店程度から40店程度に引き上げる。重点エリアに定めたのは、都心のターミナル駅周辺の商業施設や、全国で唯一店舗がない宮崎県、出店密度が低い鹿児島、大分、長崎の3県だ。候補地は鋭意探している。都心の店舗のイメージは「東京ならば山手線のターミナル駅から歩いて5分、10分。大阪なら環状線沿い」(土屋氏)。ネックになるのは、家賃だ。ワークマンは売り上げに占める家賃の割合を3%に抑えることを目標に掲げる(36ページ)。しかし、好立地ほど家賃が高い。そのため、かなりの繁盛店になることが見込めるほどポテンシャルのある場所でなければならない。

「山手線沿いはさすがに高いので、山手線から1駅、2駅入ったところ。例えば、中野とか」と土屋氏は例を挙げる。狙っている場所は他にもある。特に熱い視線を向けるのは錦糸町だ。JR総武線の各駅停車と快速に加え、東京メトロ半蔵門線も走っている、東京スカイツリーの玄関口である。「あそこ(錦糸町)はものすごいターミナル駅なので、出したらもうめちゃめちゃ売れますよ。全国で一番店になると思う」(土屋氏)。

ところで、結局、楽天から撤退した影響はあったのか。土屋氏はきっぱりと言った。「全くなかったですね。もっとあるかなと思ったけど。例えば、ワークマンがテレビに出てアクセスが殺到したときに楽天をやっていると分散してくれていいんですよ。楽天は絶対（サーバーが）落ちないので。でも、そんなことは年に1回、2回あるだけですから」。ネット全盛の時代に、あえてリアル店舗を強化するワークマン。新型コロナウイルスの影響も注視しながら、好立地の掘り出し物件が見つかれば、ゴーサインを出す準備はできている。

新型コロナで見えたワークマンの強さ

新型コロナウイルスの感染拡大により、世界は一変した。人の往来が激減し、国によっては、経済活動が何カ月も、完全にストップした。目に見えないウイルスとの戦いにより、人々は疲弊し、外出自粛の長期化は世界的企業の業績をも揺さぶった。例えばユニクロを展開しているファーストリテイリングは、欧米の多くの店舗が休業した影響で、2020年8月期の純利益は前期を38％も下回るという見通しを示した。米国ではJクルーが約2100億円もの負債を抱え経営破綻し、日本でもアパレルの名門レナウンが倒れた。

一方、海外展開を一切せず、日本市場を深掘りしてきたワークマンの業績は堅調そのものだ。コロナ禍にもかかわらず、20年1～3月の既存店売上高は前年比2桁超えを継続。全国に緊急事態宣言が発令された20年4月も前年比5・7%増とプラスを維持し、20年5月は同19・4%増と再び大きく跳ねた。なぜか。この国難のさなかにも、ワークマンは明かりをともし続けたからだ。

たとえ、緊急事態宣言が出ても、店は開け続けよう——。そう決断したのは早かった。20年3月13日、国会で「新型インフルエンザ等対策特別措置法」の改正案が可決成立した。ワークマンの社内では、すぐさま特措法の文言と政府の基本方針を読み込み、今後の対策を検討。「営業継続が必要な業種」だと判断した。

「開けていいのかとずいぶん悩んだが、やっぱり、ワークマンは社会インフラですから。例えば、電力会社の方は、帯電防止のウエアや転落防止の安全帯がないと、電柱に上れない。建設現場でも作業服や軍手、手袋は必須で、それがなければ安全規則上、現場にも入れなくなる」(土屋哲雄氏)。

公共工事や電気・ガス・水道、通信、運送など、特措法下でも事業継続が求められる業界に、作業服や安全用品を安定供給してきたのがワークマンである。もし、ワークマンが店を閉めてしまうと、働けない人が続出する。それは、暮らしに不可欠なライフラインが止まることを意味する。そもそもワークマンは社名の通り、「働く人」に寄り添ってきた企業だ。他店では代替できない商品も数多く扱っている。

「加盟店の皆さんも疲れているから、1カ月ぐらい店を休んでもいいかなと思ったんですよ。でも、現場で働くお客様がいる以上は、そういうわけにもいかない」(土屋氏)。もちろん、加盟店からは店を開け続けることに対して不安の声も上がった。そこで、可能な限りの営業継続を求めながらも、臨時休業や時短営業を希望する場合は、すべて許可することにしたのだ。

加盟店には本部からマスクを計20万枚無償で配り、のぼり旗用のポールを活用してレジ前に簡易的な「飛沫防止シールド」を設置した。結果、従業員が来られなくなったなどの理由で時短営業や土日・祝日の臨時休業を選ぶ店は増えたものの、ほぼすべての店が営業の継続を決めた。

例外は、ららぽーとなど、ショッピングモールにテナントとして入居している「ワークマンプラス」9店舗のみ。緊急事態宣言を受け、ショッピングモールそのものが休業を決めたからだ。しかし、そもそもショッピングモール内の店舗を訪れる客は、ほぼ100%が家族連れなどの一般客だった。営業を続ければ、不要不急の外出を助長することになる。そこで緊急事態宣言が出されれば、いつでも店を閉める心づもりをしていた。

お手製の「飛沫防止シールド」を設置して営業を続けたワークマンの店舗

一方、全国に859ある路面店（19年4月末時点）では、職人客の割合が平均8割を占める。インフラを支える業種がほとんどで、土木建築が4割近く、電気・ガス・水道と、運輸・通信・農林漁業で2割ずつ。ワークマンが店を開ける決断をしたところ、これまでと変わらず、職人たちは店に足を運んでくれた。

4月13日、新型コロナで死亡者が発生したことを受け、ゼネコン大手の清水建設が、東京、大阪など7都府県の建設現場約500カ所で工事を止めることを発表した。しかし、ワークマンを愛用してきた職人はゼネコンではなく、地方の工務店が中心だった。

「ゼネコンの工事現場にはたくさん人がいるが、地方では大工さん1人で施工している現場も珍しくない。うちは屋根瓦の施工や内装工が多く、毎日、作業に必要な物を買ってくれた」(土屋氏)。飲食やイベント、サービス業向けのユニホームは以前ほど売れなくなったが、それでも全体の売り上げから見るとわずかだった。「職人さんが圧倒的に多かったので、好調だった業績の上昇角度が、少し鈍っただけだった」と土屋氏は振り返る。ワークマンプラスが当たったからと言って、決してアパレル企業にはならず、作業服専門店としての品ぞろえをおろそかにしなかったことが、この非常時に生きたのだ。

ワークマンはPB(プライベートブランド)商品の3分の2を中国で生産しており、最初に新型コロナの感染爆発が確認された武漢市の工場にもTシャツの製造を委託していた。普通ならば万事休すとなるところだが、ワークマンは違った。もともと1円でも販売価格を引き下げるため、海外生産は閑散期を狙って、1年分をまとめて製造してもらう形を取っていた。そのため、武漢で新型コロナがまん延したときには、既に20年3月期分の縫製を終えていた。結果として商品の安定供給を続けることができたのだ。作業服専門店として長年築いてきた信頼と、独自のサプライチェーン(96ページ)が、未曽有の国難で発揮された。新型コロナは、図らずもワークマンの強さを浮かび上がらせた。

第7章

継続率99%！ホワイトFCへの道

「加点主義」でやる気を引き出す

2020年の正月、ワークマンは全国の店舗で、三が日をすべて休んだ。19年は1月1日、2日を休業としたが、20年から3日も店休日に設定。「問題なかったので、21年も1日、2日、3日は休む形になると思う」。そう断言するのは、加盟店推進部長の八田博史氏だ。1990年に入社し、小濱英之社長と同期という、ワークマンを最もよく知る生き字引の1人である。店休日を増やしても、ワークマンの業績は変わらなかった。売り上げは1日分減ったが、それでも20年1月の既存店売上高は前年同期比21・1%増。15カ月連続2桁成長を達成した。ワークマンは全店舗の95%以上がフランチャイズ（FC）で成り立っている。加盟店募集ページには、次のようなフレーズが躍っていた。

ワークマン加盟店推進部長の八田博史氏

「店休日（年間22日）4日増」「平均年収1000万円超」「7－20営業で、5分で帰れる」「契約更新率は99％」――。

「年18日」だった店休日を、19年10月から「年22日」に増やした。「今まで10月後半から、年内は休みが全くなかった。店休日がないという中で、2カ月以上無休で働くって、結構つらいじゃないですか。月1回ぐらいはお休みを入れようという発想で、店休日を増やしていった。そうじゃないと、体がもたない」（八田氏）。

売り上げへの影響度を測るために全店一斉で休み、大きな問題はないと判断して店休日を4日増やした。20年の三が日を休んだのも、ある意味、実験的な試みだったという。

「おおむね加盟店からは、ゆっくり休めると好評だった。休むことが、働くモチベーションになる。少し心配したのはお客さんから『なんだ、ワークマンやってねえのか』と落胆されることだったが、私自身、驚いたのは、むしろ好意的な反応のほうが多かった。『さすが、ワークマン、三が日休むんだね』みたいな」（八田氏）

ワークマンが、コンビニエンスストアと異なるのは24時間営業ではなく、7～20時の13時間営業（一部6～20時の店がある）で、店休日があること。開店時間が早いのは、渋滞を避けて作業現場に向かう職人客のためである。「仕事自体もそんなにがつがつと、ずっと動いていなければいけない、というわけでもない。レジ閉めを14時にやるため、開店と閉店の作業がほぼない。『（開店の）5分前に来て、（閉店）5分後に帰れる』」（八田氏）。

さっと来てぱっと帰れるのは、創業当時からの伝統という。「本社が群馬なので、売り上げを入金しようにも夜間金庫がなかった。じゃあ、銀行が開いている14時に行こうという発想からだったと聞いている。そういう、ちょっと田舎よりの発想が、今のゆとりを生んだ。逆に、今の時代に合っているやり方だった」（八田氏）。

ワークマンのFCは6年契約で、定年は70歳だ。「普通は60歳を過ぎたら給料が下がっていくが、うちは逆に頑張った分だけ上がっていく。だから、やりたいという人は最近多い。特に若い人は、お金にかなりシビアなので、このまま生活できるのか、老後も生きていけるのかと考え、70歳までしっかりと収入を得て働けるワークマンを選ぶ」（八田氏）。今では、定年や病気などやむを得ない理由を除き、契約更新率は99％まで上昇した。目指すは「ホワイトフランチャイズ」だ。

コンビニのFCは、近隣の店舗同士で客を奪い合い、疲弊していると報じられている。ワークマンは出店場所を本部が決めるため、同一商圏に複数の店舗はない。「会社なので利益を当然追わなきゃいけないが、うちは、加盟店がもうかって初めて会社がもうかるという考え方。月並みな言葉ではあるが、共存共栄をベースにしている」と八田氏は言う。

1店当たりの平均年間売上高は1億3800万円（20年3月末時点）。コンビニの半分程度の営業時間と考えると、驚異的な数字だ。ここからパートやアルバイトの人件費などを差し引き、売り上げの1割程度がオーナーの収入になる。全国で「1000万円プレイヤー」が次々と誕生しているのだ。これだけ効率的に稼げるのも、経営が安定しているからである。もともと作業服専門店のため、職人という固定客がつきやすい。「職人さんが朝晩に来て、そこで売り上げがボンと上がる。『ああ、いつもの何とか建設のなんとかさん』

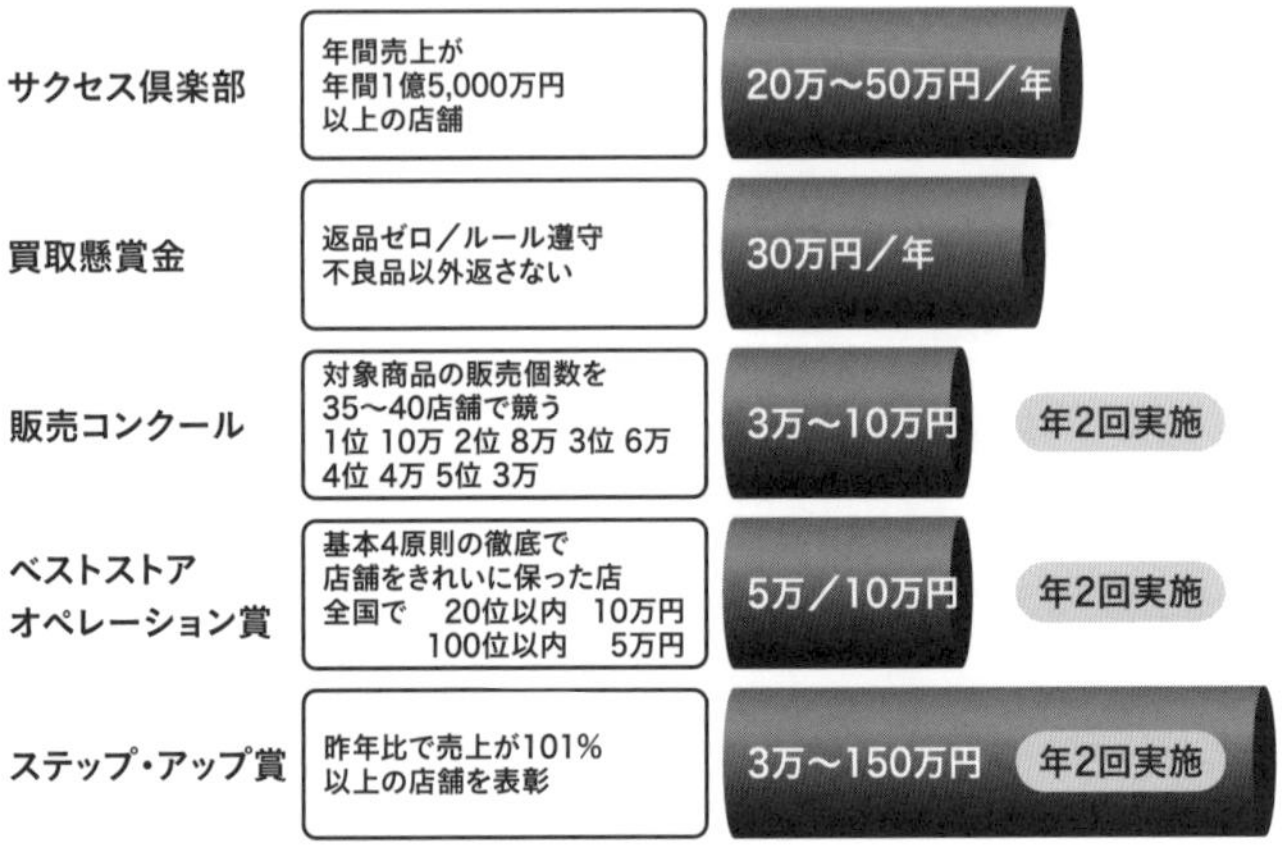

ワークマンが独自で展開する報奨金制度

みたいな感じ」（八田氏）。そこに18年後半以降、「ワークマンプラス」の大ヒットが重なり、一般客の来店が急増。客単価が大きく上がった。大手コンビニチェーンが1人当たり500～600円であるのに対し、ワークマンは2800円を超える。一般客にとってワークマンの商品はどれも安く、1万円もあれば3着、4着と買える。そこで、まとめ買いする人が増えたのだ。こうした客層の拡大に加え、ワークマンには、売り上げが伸びる構造的な仕組みがある。店長のモチベーションを最大限に引き上げる、「加点主義」の褒賞金が多数あるのだ。

例えば、年商が1億5000万円以上

になれば「**サクセス倶楽部**」といって、年間20万～50万円（50万円＝年商3億円）がもらえる。返品ゼロ（不良品を除く）ならば、「**買取懸賞金**」で年間30万円が手に入る。特定の商品の販売個数を競う「**販売コンクール**」で上位に入れば1回当たり3万～10万円、店内の清潔度や接客レベルを競う「**ベストストアオペレーション賞**」で上位になれば1回当たり5万円または10万円、さらに前年同期比で売り上げが1％以上伸びた店は「**ステップ・アップ賞**」として最高150万円がそれぞれもらえる。

これらはすべて併給可能だ。特に好評なのは、ステップ・アップ制度で、半期ごとに表彰されるため、これだけで年間最高300万円が、売り上げとは別に転がり込む。現在のようにほぼ全店で売り上げが伸びている場合は、達成店舗ばかりになる。

実際、この併給できる報奨金制度により、加盟店は平均毎年80万～100万円、店によっては300万円以上を、いわば「ボーナス」として受け取っている。さまざまな賞を設け、「加点」形式で評価することで、多くの店にボーナスが行きわたるようにしているのだ。

ワークマンには、大手コンビニチェーンとは異なり、ノルマがない。代わりに、頑張った店には、相応のインセンティブを与える。受賞した店舗は社長から直々に表彰され、社内報「ワークマンニュース」にも掲載される。毎年、表彰される〝名物店長〟もいる。

「ニンジンをぶら下げるではないが、目標があると、皆さん頑張る。褒められたらうれしいし、モチベーションにもなる」（八田氏）

実は、サクセス倶楽部は19年まで年商1億円以上が基準だった。しかし、ワークマンプラスの誕生以降、既存店を含めて全店で売り上げが爆発。1億円超の店が約9割になった。そこで「当たり前のクラブもないだろう」と、受給資格が5000万円引き上げられたという。山は高ければ高いほど、登りがいがあるという。険しい道も登り切ってやろうという、やる気に満ちた店長が集まっているからこそ、ワークマンは売れ行きが伸びている。商品力が注目されがちだが、ワークマンは社内制度も実にユニークなのだ。

「緊急事態」発生！ 直営店を削減せよ

八田博史氏が加盟店推進部長になったのは3年前。そのとき、社内は、大変なことになっていた。ワークマンのフランチャイズ（FC）契約は70歳定年制で、次の更新満了時に70歳を超えるようなら再契約できない。店長不在で、やむなく直営店に切り替えていったところ、直営店の数が60店舗まで拡大してしまった。直営店が増えれば、その分、社員が店長として代わる代わる応援に入らなければならない。

「もう人が足りなくて、緊急事態だった」（八田氏）

何としてでも、直営店を減らさなければいけない。そこで八田氏が創設したのが、パート、アルバイトの独立制度だ。店で働くパートやアルバイトが経営を引き継ぐ場合、加盟時に必要となる初期費用を減額した。これで何人か有望な〝後継ぎ〟を確保した。続いて紹介制度を立ち上げた。全国の加盟店から、オーナーにふさわしい人を推挙してもらう内容だ。紹介はだんだんと増えていき、この3年間で直営店は約30店舗まで半減した。ワークマンには新入社員が2年間、直営店の店長として研修するシステムがあるため、ゼロにはしないが、「基本的に直営店は10店舗以下にしたい」と八田氏は明言する。直営店が増えると人件費がかさみ、固定費も増える。会社の業績を揺るがしかねないからだ。

八田氏は、FC化を推し進めるため、「とにかく社内制度をつくりまくった」と振り返る。現在、力を入れるのは、若手オーナーの開拓だ。2020年4月に始めたのは、**「ヤング加盟店支援制度」**。39歳以下、つまり20代、30代で店を持ちたいと考える人に、保証金100万円で開業を認める制度だ。残りの初期費用はすべて本部から低金利で融資し、3年以内に返済してもらう。対象は新業態「ワークマンプラス」の店舗だ。

背景には客層の変化がある。「ワークマン女子」というハッシュタグが生まれ、ファッション誌やテレビ番組でも「ワークマンコーデ」が取り上げられるようになったことで、若い世代の来店が急激に増えた。「ちょっと変な言い方だが、ご高齢すぎる方がオーナーになっても、変化に対応するのが辛くなってくる。若くて元気があって、能力の高い人がうちには必要だ」（八田氏）。

そう確信したのは、18年11月8日、ワークマンプラス初の路面店として開業した川崎中野島店（川崎市）でのことだった。ワークマンプラスは、ららぽーとなどショッピングモール内の店舗は業務委託とし、路面店はこれまで通り、FCで運営することになった。つまり、川崎中野島店は、ワークマンプラス初のFC店でもある。失敗は許されない。しかし、新業態のため、どうしたらいいのか勝手が分からない。

八田氏は頭を抱えた。ただ、同じワークマンを冠した店舗だから、これまでのFCパッケージと中身を大きく変えるのは違うと思った。「やっぱり、能力の高い人をちゃんと採用するべきではないかと、もういろんな人に会いまくった」。

何人も断り、暗礁に乗り上げようとしていたとき、奇跡的にぴったりの人材が応募してきた。夫婦共にハンドメイドコスメのブランドで店舗マネジャーをしていた経験があり、「とにかく人当たりが良くて、接客も上手。もうこの人だ、と思った」（八田氏）。男性は30代。ビジュアル系バンドでインディーズデビューした異色の経歴を持っていた。「夢破れて流通業界に入り、独立を志していた。店を任せると、お客さんの評判がすごくいい。その成功を見たときに、やっぱり若くて経験値の高い人っていいなあと思った」（八田氏）。

そこで、新店舗のオープン時から加盟した場合、通常よりも加盟金を50万円減額する「**オープンスタート支援制度**」を始めた。ワークマンは伝統的に、新店はまず直営店として開業し、軌道に乗ったらFC店に譲り渡すスタイルで出店拡大を進めていた。しかし、これでは新店を出すたびに、直営店が増えてしまう。だから、新店の立ち上げと同時に店長になってくれる人を探すことにした。そのために、加盟のハードルを下げたのだ。

効果はてきめんだった。特にワークマンは、オープン時はものすごく売れる。「もう皆さん驚かれる。セール後最初の分配金を見て『こんなにもらっていいんですか』って。僕らの年収ぐらい行くこともある。これでだいぶオープン加盟が進んだ」(八田氏)。

こうした新制度を創設する傍ら、八田氏は初期費用をどんどん引き下げていった。150万円だった保証金を100万円とし、開店時出資金の頭金をゼロにした。結果、トータルで税込み420万円だった初期費用は、320万円まで下がった。ヤング加盟店支援制度とオープンスタート支援制度は併用可能で、20代と30代に特に手厚い仕組みとなっている。

つまり、最近のワークマンの出店拡大は、八田氏が考案した、こうした新しい制度によって支えられている。加盟時のオーナーの平均年齢は42・3歳と若返りが進んでおり、昔のワークマンでは考えられないほど若い夫婦の活躍が目立つ。

ワークマン大森環七店（東京・大田）を経営しているのは20代の夫婦だ。男性の母親が千葉県木更津市でワークマンを営んでおり、新店開業に合わせて応募した。「やっぱりすごく評判がよくて、若いからバリバリ動いてくれる。お母さんを見て『ああ、自分もやりたい』と思ってくれたそうで、これは本当にすごいことだなと思っている」（八田氏）。

「3年間は我慢」苦しかった頃を経て

今でこそオーナーの契約更新率は99%だが、昔は違った。辞める人はそれなりに多かったという。「昔は（契約期間の）6年間で、もういいわと言う人も多かった」（八田氏）。

ワークマンのFC制度は1982年4月、埼玉県深谷市に開業した3号店（埼玉1号店）から始まった。群馬県に開業した1、2号店の極小店舗を経て、チェーン展開を見据えたプロトタイプとして40坪（132平方メートル）に売り場を拡大。加盟金を受け取り、粗利を分配していく形を初めて導入した。8号店から加盟店の取り分をさらに増やした。初期費用が500万円と今より高額だったことを除けば、その仕組みは今と大差ないという。

加盟店の契約方式は、2種類ある。Aタイプがいわゆる FC契約で期間は6年。開業時の

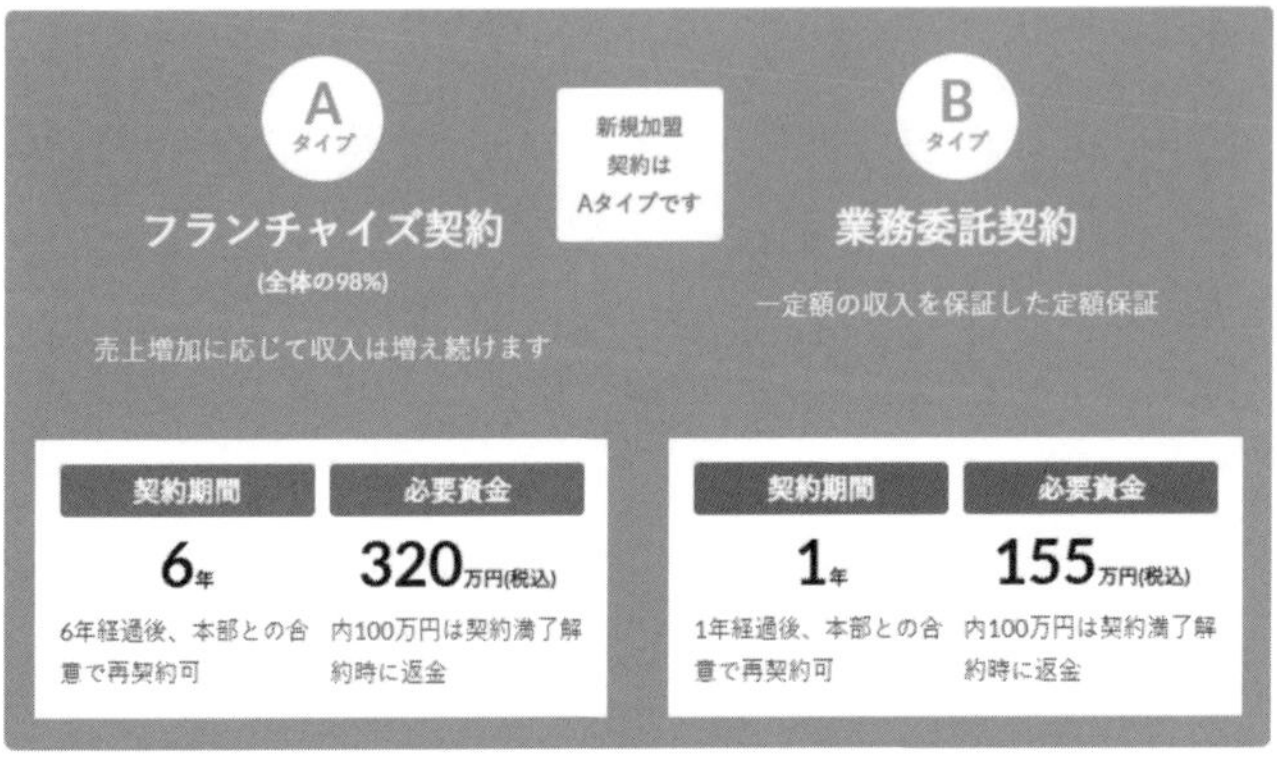

ワークマンの契約方式はAタイプとBタイプがある。今やほとんどがAタイプだ

初期費用は、八田氏が引き下げたこともあり、加盟金、開店手数料、研修費、保証金合わせて320万円（税込み）。再加盟料は220万円（同）だ。

一方、Bタイプは業務委託契約で期間は1年。初期費用は開店手数料、研修費、保証金の計155万円（税込み）。月商350万円まで50万円の固定給となり、350万円を超えた部分は3％分上乗せする「固定＋歩合制」で、褒賞金が別途平均50万円支給される。Aタイプ、Bタイプともに契約を満了後、解約時に何事もなければ保証金100万円は返金される。

一昔前はBタイプの契約が圧倒的に多かったという。今ほど売れ行きが芳しくなかったからだ。「『最初からそんなに売れないぞ。3年間は我慢して、6年という契約期間の中でどんどんペースを上げていこう』と言っていた。年商6000万円あったら、よく売っているという世界だった」(八田氏)。Bタイプは初期費用が安い代わりに、元日しか休みがなかった。それでも10年、15年と粘り強く続けてくれる人が多かった。

Aタイプへの切り替えが進んだのは、ごく最近だ。ワークマンプラスが大ヒットし、加盟店のオーナー収入が倍増したからだ。初期費用を払ってもなお十分すぎるお釣りがくるため、今やAタイプが95%以上を占める。1店舗平均の売上高は月1150万円まで伸び、むしろBタイプで契約すると、店が損をしてしまう。「こんなに頑張っているのに、うちのほうが逆にもうかるという、おかしなことになるんですよ」(八田氏)。

Aタイプは、売り上げが伸びるほど、収入が増える仕組みだ。コンビニの場合は売れば売るほど、本部に支払うべきロイヤルティー(経営指導料)の割合が増え、取り分が減る。ワークマンはロイヤルティーが粗利の60%(オーナーの取り分は40%)と一定のため、稼げば稼ぐほど実入りが多くなる。実際に若いオーナーが経営する店舗では、初年度から年商2億円も珍しくないという。年収ベースで2000万円も夢ではない。「我々社員よりも全然稼いでいる」と八田氏は笑いながら、こう付け加えた。

「でも、それでいいんですよ。そうやって、加盟店さんが喜んでくれるのが一番うれしい。本当にこれがワークマン社員冥利に尽きる。僕も30年間会社にいるので、展示会で顔なじみの店長さんと会うと、やっぱり感謝される。『本当にやってよかったよ』『おかげで家が建ったよ』とか『クルマを買ったよ』『娘が結婚して今、手伝ってくれているんだ』とか。子供の成長を見ているようで、これが本当に心からうれしい」

ワークマンはもう「家業」?

ワークマンは出店場所を、本部が決める。これは、コンビニエンスストアのように狭いエリアで、店舗同士を競合させないためだ。商圏を見ながら場所を決め、開業のめどがたって初めてオーナーの募集に入る。加盟条件は大きく4つある。

1）個人として契約が可能で店舗運営に専念できる方（副業は禁止）
2）共に50歳未満で、専従者と2名で加盟できる方（原則は夫婦）
3）地元で生活し、高速道路を使わず通勤40分圏内の方（ワークマンプラスは30分圏内）
4）健康状態が良好な方（健康診断書の提出が必要）

特に重視しているのは地縁だ。自宅の近くに募集店舗があることを絶対条件としている。

その地で暮らしてきた人を選ぶことで、開業後も地域に根を張り続けてもらう。結果、今となっては約半数のオーナーが子供へと事業承継している。八田博史加盟店推進部長は言う。「あのとき、ちっちゃかったあの子が店長になった。それを本当に目の当たりにしてきた。親が自分の子に同じ仕事をさせたいと思うのは、本当にすごいことだと思う」。

ワークマンは、もはや「家業」なのだ。八田氏が驚いたのは、長野県の「ワークマン一家」だ。飯山バイパス店（飯山市）を何十年と夫婦で切り盛りし、1男3女を育て上げた。3女を除く子供全員が「分家」のような形で、ワークマンの店長に〝就職〟した。「『ご両親がワークマンをやっていて、全然遊びにもいけなかったし、どうだったの？』って聞いたら、『これがうちの家業なんです』と言うんです。小さい頃からお店に遊びに来ていたし、自然と手伝ってきた。自分がここでワークマンをやるのは、もう当たり前だ、って。ああ、こんな感じで、うちは3世代、4世代と広がっていくんだと思った」（八田氏）。

1号店から40年。加盟店も世代交代の時期に差し掛かっている。しかし、世襲は必ず認められるわけではない。志が感じられない場合は、本部の判断で、容赦なく断るという。「『親父がやっているから、俺もやりたいんだよねー』みたいな人は落とします。落としています。何人も落としています」と八田氏は語気を強めた。そんな甘い考えでは、到底商売は務まらないと考えるからだ。「そういう人は絶対に成功しない。やっぱりその人の人生ですから、私たちも真剣に選ぶし、簡単に考えてほしくない」（八田氏）。

実際に店を任せるのは、子供の頃からお店を手伝っている人が多いという。手伝っていなくても本気度が感じられ、能力が高いと判断すれば話を進めることはあるというが、「ご両親が辞める1カ月前ぐらいに、急に『じゃあ、あとは僕が』と言われても、それは認められない。ドライかもしれないが、この人では、売り上げを上げられないと思えば落とします」（八田氏）。

面接は、かなりシビアだ。オーナーを選ぶまでに4、5回は面接を重ねる。6年間も店を任せる以上、バイトの面接とはわけが違う。「最初に1回会って、人となりを見る。その後何回も会って、その人のパーソナリティーを引っ張り出す。もう、いかに面談を重ね、その人の本質を把握できるかだと思っている」（八田氏）。

「ホワイトフランチャイズ」と聞くと、俺もワークマンをやりたいという人がどうしても出てくる。「ワークマンプラス」が好調な今、比較的アクセスがいい店舗では、申し込みが殺到している。「さぞかしラクにもうかるんだろうという考えの人もいる。でも、そういう人には、経営者マインドがない。加盟希望者向けの資料にはどうしてもいい話ばかり書いてある。それで、やる気になっちゃうが、現実は厳しいというのは、しっかりと伝えている。接客が好き、小売りが好きというのはもちろんだが、やっぱり商売だからもうけないと駄目。その気持ちがないと商売って成功しない」と八田氏はきっぱりと語る。

「アパレルショップではなく、作業服屋」

地縁を重視したり、副業を禁止したりしているのも、腰を据えて経営してほしいからだ。ワークマンのよさは、近所付き合いにある。「お客さんも地元の人だし、店の人も地元の人。これが本来のうちの姿で、いいところ。だから、移住するからワークマンをやりたいなんていうのは、もってのほか。例えば、沖縄は景気がいいらしい。沖縄に引っ越すからオーナーをやりたいという、そんな邪《よこしま》な考えの人は、もう絶対に入れない」(八田氏)。

その代わり、やる気があれば、ワークマンは、どんな人にも門戸を開く。実際に小売り未経験者は、加盟店オーナー全体の約6割を占める。初めて店舗を経営する人のほうが、素直に本部の方針を聞いてくれるからだという。「トラックのドライバーや、職人、競輪選手、芸能活動をしていた人もいる。逆に小売りをやっていた人のほうが、知識がある分、うちとはマッチしない人が多い」(八田氏)。

来店客が増え、ようやく、どの店もかなり潤うようになった。しかし、好調な今だからこそ、八田氏は加盟店にこう呼びかける。「『(ワークマン)プラスというアパレルショップを経営するのではなく、うちは基本的に作業服屋なんですよ。そこは忘れないでほしい』。ブームが去って、一般の方がいなくなったら、閑散としてしまう。じゃあ、何をしなきゃいけないかというと、しっかりと土台をつくる。近所を回って毎年、作業服を買ってくれる企業をいかに増やすか。『ビルの90階から下に落ちたら死ぬが、90階から85階への落下なら怪我で済むかもしれない。85階までのベースをつくるのは、あなたの仕事です』ということはしっかり言っている。言わないと、勘違いしてしまうから」(八田氏)。

昔からの常連客を大事にし、ワークマンプラスを機にファンになった客にも繰り返し来てもらえるようにする。そのためには、「『もう1回基本に帰ろう。忙しいからこそ掃除を、接客をしっかりやろう』と言い続けている。忙しいがゆえに、おろそかになってしまうことがある。人間やらなくなると一切やらなくなる。これが一番まずい」(八田氏)。

つらかった時代を知るからこそ、ブームにも踊らない。これからも、ワークマンはワークマンであり続ける。

親子2代、つながるバトン
ロードサイドの現場から

ワークマン創業の地、群馬県伊勢崎市へとつながる東武伊勢崎線（東武スカイツリーライン）。埼玉県に近い東京北東部の五反野駅から徒歩10分のロードサイドに、ワークマン足立区役所前店はある。3年前、父親からこの店を受け継いだのは、中西千賀子店長だ。

「ワークマンは、フランチャイズとしてはすごく安定している。言われた通りに販売するだけで売れるのは、いい商品をつくっているからだと思いますよ。釣りをやっている方もワークマンのカッパ（レインスーツ）は、安くて強いと言ってくださる」

中西さんは毎朝5時に起床する。開店は朝6時だ。冬はまだ真っ暗。月が見えることすらある。春が過ぎ、夏の足音が聞こえ、ようやく日が延びてきた。開店時間を通常（朝7

時）よりもさらに1時間前倒ししているのは、幹線道路に面し、早朝でもクルマの通行量が多いからだという。「レジさえ開ければ営業できるので、ギリギリに来ても大丈夫なのは、本当に助かっている。でも、私が行ったら、もう職人さんが、店の前で待っておられるんですよ。この先の道路が混むので、早くここを抜けたい。6時を過ぎるともう渋滞になっちゃうので、早めに作業道具が欲しいみたいですね」。

中西さんの父親は、還暦を過ぎ、運送業からワークマンのオーナーに転身した。もともとワークマンにはよく通っていて、作業服や軍手を買い求めていた。募集案内を見て「ビビっと来たんでしょう。勝手に開店準備を進めていました」と中西さんは振り返る。加盟したのは10年前。中西さんは父親の背中を見ながら、来る日も来る日も仕事を手伝った。

しかし、最初の1、2年は待てど暮らせど、客は来なかった。1日の売り上げが5万、6万円ということも多々あった。「全くの異業種から飛び込んだので、本当にゼロからの出発だった。レジの打ち方も分からないところから、父はすごくがむしゃらに働いていた」。店を開け続けるうちに、少しずつ地域に溶け込み、毎年作業服を大量注文してくれる大口の企業も増えた。売り上げも伸びてきた。しかし、ワークマンのオーナーは70歳が定年だ。もう6年契約を延ばすことはできなかった。そこで、中西さんが手を挙げた。「このまま終

品出しをする中西千賀子店長。奥まで見渡せる陳列を心がけているという

わってしまうのは、悲しかった。私にもチャンスがあるなら、頑張ってみたい」。

この3年間で、経営は完全に軌道に乗った。「引き継いだ時期がよかった。今ではテレビでもワークマンを取り上げてくれるし、店を開けて並べれば売れる。忙しくなって大変ですけど、その分、パートさんを増やして、みんなで頑張っています」（中西さん）。

工事現場の作業員から近隣の住民、若い女性客、家族連れまで。最近はどの時間帯でも、売り場に人がいる。「昔なら考えられない。特に一般の方はじっくりと商品を選んで『かごいっぱいにしても1万円もしない』と驚いて買っていかれる。

私なんか、それでもすごい額なのに、と思いますけど。週に何回も来られる方や、新宿や埼玉から立ち寄ってくださる方もいる。私より詳しい人もいて、負けられないと気を引き締めています」(中西さん)。

ワークマンは、店長と来店客の距離がとにかく近い。近隣住民と世間話に興じるのは日常茶飯事で、中には、お菓子をお裾分けしようと持参する人もいるという。心がけているのは、とにかく明るく。「『こんにちは』と元気よく挨拶し、商品を探している方がいたら率先してお声がけする。逆に『来ないでモード』が出ている方へは話しかけない。レジでは必ず『いつもありがとうございます』と言って送り出します」(中西さん)。

数年前から、仕事着は上から下までワークマンの商品で固めている。「(今着ている)このワンピースなんて、昔はなかったですから。種類もそうだし、カラフルな服も本当に増えた。今は、自分でもいろいろと選んで、いっぱい買っています。やっぱり着ていると『それ、どこにあるの?』という会話につながるし、商品のよさも自分の言葉で伝えられる」。

この足立区役所前店は、「完全自動発注システム」(77ページ)を導入した初の店舗である。一括発注ボタンを押すだけで、売れ筋の商品が届くため、何を仕入れるかと頭を悩ませることはなくなった。商品マッサージ(売り場のリフレッシュ)や、来店客とのコミュニケーションにより多くの時間を割けるようになり、かなり働きやすくなったという。

ＳＶ（スーパーバイザー）が相談に乗ってくれるのも心強い。ＳＶとは言わば、加盟店専属の経営コンサルタント。仕入れから商品構成まで細かくアドバイスし、加盟店と二人三脚で売り上げの最大化を目指す。ワークマンは全国に約１２０人のＳＶがいて、１人平均8店舗を受け持っている。全国を北海道・東北、北関東、南関東、甲信越、北陸・中部、近畿、中国・四国、九州・沖縄の8ブロックに分け、それぞれにブロック長を置き、その下に地区マネージャーがいて、その配下にＳＶがいる、という組織図だ。

中西さんの店舗にも、ＳＶは週1回のペースで訪れる。「すごくいろいろ動いてくれるので、私は助かっている。毎日でも来てもらいたいぐらい」と笑う。ＳＶは売り場づくりまで手伝ってくれる。「私の店は奥に長いので、奥まで見渡せるように棚を置いてもらった。商品が増えた分、どう並べるかは重要。一般の方が着る服ばかりを増やしたら、俺たちの買うものがないじゃないかって、職人さんから言われちゃいますし」（中西さん）。

毎日売り場を観察し、「いつもと違うものが売れているなと思ったら、データを見て、自分で売り場を変えてみる。その商品がすぐに売れたりすると楽しい」と言う。

気づけば、ワークマンは、人生の一部になっていた。「1日の大半をお店で過ごしている

仕入れはタブレットを操作し、一括発注ボタンを押すだけで完了する

ので、もうここは、家のようなもの。私物がだいぶ増えちゃいました」と中西さんは明かす。

ワークマンを選んだことに「後悔は全くないです。ありがたいな、やれてよかったなと思いますね。この先も、元気なうちは、続けたい。きっと、お店が大好きなんでしょうね。パートさんも頑張ってくれているし、父もお店を手伝ってくれる。疲れたら、お昼に3時間ぐらい休憩していますし、体の調子もいい。来てよかった、またここに来て買いたいと思ってもらえるように、お店をきれいにして、明るい雰囲気づくりを、これからも心がけていきたい」(中西さん)。

とはいえ、経営者なりの苦労もやはり、あるのではないか。中西さんは、少しだけ考えた後、明るくきっぱりとこう言った。「苦労って、苦しいってことですよね。『苦』はないですね。きょうは、どんな方が来られるのか。毎日ワクワクしながら、楽しくやっています」。父が始めたワークマンの看板を1日でも長く、守り抜く決意だ。

第8章

「変えたこと」と「変えなかったこと」

「5年で目標全達成」成果が出る組織づくり

1）社員1人当たりの時価総額を上場小売企業でナンバーワンに
2）新業態の開発
①「客層拡大」で新業態へ向かう
②「データ経営」で新業態を運営する準備をする
3）5年で社員年収を100万円ベースアップ

土屋哲雄氏が中心となり、ワークマンが2014年に掲げた中期業態変革ビジョン（28ページ）。あらためて振り返ると、見事に全項目で目標を達成した。土屋氏ですら予想外だったのは、株価が高騰に高騰を重ねたこと。19年12月17日、ワークマンは上場来高値の

1万570円をつけ、時価総額は一時的に8600億円を超えた。当時の社員数（約300人）で割ると、1人当たり28億円を上回った。これは上場企業全体で見ても、トップクラスの水準だ。「株価はプレッシャーになるので、見ないようにしてきた。時価総額なんて、株主対策で入れただけ。まさか、ああなるとは思わなかった」（土屋氏）。

国内店舗数はユニクロを抜く869店まで増加（20年5月末時点）。このうち、新業態の「ワークマンプラス」は1号店からわずか1年半余りで175店に達した。20年3月期のチェーン全店売上高は1220億円となり、創業以来、初めて1000億円の大台を突破。土屋氏がワークマンに入社した8年前（12年3月期）が609億円だったことを考えると、本当に「2倍成長」を成し遂げた。

土屋氏が中期業態変革ビジョンを発表したのは、作業服を仕入れて売るだけでは、これ以上成長するのが難しいと感じたからだ。そこでPB（プライベートブランド）の開発に踏み切った。フィールドコアなどブランド名をつけて、街着としても使えるデザイン性の高いウエアを着実に増やし、売れ行き好調と見るや、新業態として〝独立〟させた。それがワークマンプラスの成功につながった。今やワークマンプラスのほうが、ワークマンよりもブランド価値が高い。このペースで改装が進めば、数年後には、職人客が極めて多い約100店舗を除き、ほとんどがワークマンプラスになる見通しだ。

十分すぎる成果をもたらしたのも、変えるもの、変えないものを明確に峻別《しゅんべつ》して改革したからだ。「変えたものが7割、変えなかったものが3割だった」と土屋氏は振り返る。では、ワークマンの何を変えたのか。

ワークマンが変えたこと

①オペレーションエクセレンシーからプロダクトエクセレンシーのSPA企業へ

ワークマンが大躍進を遂げた最大の理由は、商品力が短期間で目覚ましく伸びたことに尽きる。ワークマンは、もともと店舗の運営能力では定評があった。売り場は100坪(330平方メートル)、駐車場は10台と店のサイズを完全にフォーマット化し、棚割りや並べる商品まで標準化を図ってきた。だからこそ、作業服1本で圧倒的な全国チェーンにのし上がった。つまり、オペレーション(運営力)は、折り紙付きだった。歌手・吉幾三のテレビCM効果もあって「ワークマン」という企業名は関東を中心に、そこそこ知られていた。しかし、扱う商品には全くブランド力がなかった。

既製品を仕入れて売るだけ。作業服一つをとっても自社開発はしなかった。作業服は通常10年程度は継続供給する必要があるため、在庫になるのを恐れたのだ。この在庫を持たないという主義を変えたのが、土屋氏である。

積極的に在庫リスクを取る方針に変更し、まずは作業服で上下税込み3000円からのPBを開発した。これが大当たりし、以降、ワークマンのPB作業服は市場を席巻するようになった。その後、一般客向けのPB商品の開発を本格化させた。「メーカー品に頼った『しまむら型』からユニクロ、ニトリを目指す」（土屋氏）。大きく方向転換したのだ。

商品力の強化に向け、開発部隊を過去4年間で3倍に増強。すると、水を得た魚のように、デザイン性の高い商品が次々と生まれた。作業服専門店の強みである、低価格と機能性を武器に、世の中にない「WOW！」な新商品を生み出すという、プロダクトエクセレンシー（商品力至上主義）のSPA（製造小売り）企業へと、社内の価値観を変えたのだ。

土屋氏が当初、掲げたPB比率の目標は売り上げに対して3割だった。「それでも大きいと思った。3割やって会社が持つかと心配だった」というが、PB比率はあっさりと50％を超えた。今期（21年3月期）は57～58％まで高まる可能性があるという。今やユニクロよりもワークマンのほうがインスタ映えすると、土屋氏は豪語する。「ユニクロさんは王者なので、あまり冒険せずに地道に行く。うちはどっちかというとアスレジャーとかアウトドア系なので、うちのほうが今風なんです」。

②「前例踏襲」の経営からなんでもデータを見て変えていく経営に

ニッチトップ企業だったからこそ、ワークマンには「前例踏襲」の企業文化が染みついていた。「慎重、着実、堅実、指示に従う。とにかく冒険しないことが評価されてきた」と、土屋氏は入社当初を振り返る。

しかし、未知なる業態の運営に、前例は全く通用しない。暗闇を照らす道しるべとなるのはデータしかない。だからこそ「データを見ながらなんでも変える」経営に切り替えた。土屋氏がことあるごとに説いているのは、「**意見を変えるのが良い上司**」だということ。間違っていたら訂正すればよい。そもそも土屋氏自身が「自分のやることは50％が間違っている」と自認する。ワークマンプラスという店名も、三井不動産の進言がなければ「ＷＭプラス」になっていた。もし、ＷＭプラスで展開していたら、ここまでの大ブームにはならなかったはずだ。あくまでも「あのワークマン」の新業態だから差別化に成功したのだ。

「カジュアルウエアにプロ品質を」というキャッチコピーをつくったのも、広告代理店のアサツー・ディ・ケイ（現・ADKマーケティング・ソリューションズ）である。土屋氏は当初、新業態ではワークマン色を徹底的に排除しようと決めた。しかし、実はワークマンという「プロ品質」こそが、消費者に刺さる。三井不動産もADKの担当者も同じ考えだった。その意見を「自分は、そうとは思わない」と切り捨てるのではなく、「自分のほうが間違っていた」と潔く認め、180度方針を転換した。だから、社員にも変えることを恐れないでほしいと呼びかける。

「部下の気づきをないがしろにしてはいけない。データを見て実験をして、間違っていたと分かったら、これまで標準だったことも思い切って変えてみる」。冒険しないのが美徳ではない。むしろとことん冒険すべきだ。そんなメッセージを送り続けた。

③「本気の経営」――言ったことは必ずやるという、すごみを見せる

中期業態変革ビジョンの新業態の開発という項目で土屋氏は、①**「客層拡大」で新業態に向かい、②「データ経営」で新業態を運営する準備をする**、という2大方針を掲げた。目標を2つに絞り、あえて達成期限も設けなかった。その代わり、この2つは、時間をかけ

ても必ずやり抜くという気迫を示した。この決意を分かりやすく伝えるため、土屋氏自身が率先してワークマンの商品に身を包んで出社した。「商品力は上がっている。ワークマンの服は、一般客でも十分着られる。自信を持っていい」。そんな〝目に見えるメッセージ〟が、社員の士気を高め、ビジョン達成の原動力になったと土屋氏は振り返る。

「データ経営」を徹底させるために、打ち出したのはショック療法である。部長以上の任用条件に改革マインドとデータ活用力を必須にした。一方で「5年で100万円のベースアップ」を約束し、実際にその通り、賃上げをした。経営陣の立場から「言ったことは必ずやる」というすごみを見せることで、組織の末端まで改革意識を浸透させたのだ。

④トレードオフ経営─頑張る代わりに何かを捨てる

日本企業は「個人の頑張り」に頼った経営が多い。そうではなく、会社全体として「勝てる仕組み」を作ることが重要だと土屋氏は考えた。

「毎月の成果を評価して、目標を達成したら社員に奨励金を出すという経営に、私は大反対だった。短期で一喜一憂するのではなく、時間をかけてもいい仕事をすればいい。『頑張る代わりに何かを捨てよう』と言った」

例えば、会社の業績を上げるには社員が頑張るのではなく、成果を出しやすい業態を経営陣がつくる。それがワークマンプラスだった。決算時に残業を減らすには、経理部が頑張るのではなく、決算発表を1週間遅らせればいい。「1週間遅らせても、株価には全く影響がない」と土屋氏は断言する。ネットからの注文が殺到し、出荷が追いつかなくなったときには、販売サイトを一時的に閉めたことすらある。「何かに特化して何かを捨てる」というトレードオフ経営で経営の合理化を図ったのだ。

ワークマンが変えなかったこと

一方で、変えなかったこともある。ワークマンは、作業服という小さな市場を愚直に深掘りして圧倒的なシェアを勝ち取った。「店の標準化と現場主義で、無駄をそぎ落とすリーン経営が確立していた。そのDNAは全く変える必要はなかった」(土屋氏)。

①標準化経営

売り場は100坪。品ぞろえも、店内業務もすべてマニュアル化する。ワークマンは、こと店の標準化に関しては、日本の小売りでトップレベルと言えるほど徹底されていた。超効率経営だからこそ、安定して利益を積み重ねていくことができた。そして、標準化が進んでいたことそのものが、データ経営に移行するうえで大きなメリットになった。

どういうことか。例えば、ワークマンのカタログを見ると、かなり分かりやすく価格帯が整理されている。すべて税込み表記で、980円、1900円、2900円、3900円、4900円とほぼ5パターンに集約。冬物であれば1900円は防風、2900円は防寒、3900円は重防寒、4900円は超防寒と、高くなるほど機能が追加されているのが、誰の目から見ても分かる。そして定価販売で、値引きをしない。これが全店舗で徹底されているがゆえに「ノイズとなるゴミデータが出ない。この、きれいなデータがうちの強みだと思う」(土屋氏)。

②ローコスト経営

ワークマンの競争力の源は、なんといっても安さにある。売価に占める輸入原価や仕入れ原価を指す「原価率」は驚異の64%(目標は65%)。つまり、商品が売れても粗利は36%にとどまる。ここからフランチャイズ加盟店に利益を分配しても、なお10%を超える営業利益を出しているからだ。ローコスト経営が徹底されているからだ。

まず、売り上げに占める店の家賃を3％に抑えようとするなど、販管費を抑制している。そして「超少数精鋭」を掲げ、本部社員も含め、全社員が現場の仕事を持っている。土屋氏をはじめとした役員も例外ではない。小濱英之社長も現場に出て、売り場づくりを指揮する。一方で、効率がいいと判断すれば外部に仕事を任せてしまう。ワークマンからワークマンプラスへの業態転換は、すべて外部業者に委託。ショッピングモール内のワークマンプラスは外部の店舗運営会社と契約し、社員は1人も売り場に立てていない。あくまでも価格、品質で競争力のある商品を供給し、「並べるだけで売れる」効率的な店舗運営を目指している。

③やらないことが決まっている経営

ワークマンには余計な仕事はやらないという文化がある。「仕事が終わったら帰って休んだほうがいい」という考え方のため、歓送迎会といった社内行事や日本フランチャイズチェーン協会といった業界団体への加入、仕入れ先への接待はしない。販促費をかけてOne to Oneマーケティングをしないと売れないような商品はそもそも生産しないし、高い商品にも手を出さない。これまで築き上げてきた消費者からの信頼が崩れるからだ。

実際、猛暑続きの夏に向け、空調ウエアのCMを流したらどうかという提案を受けたことがある。空調ウエアとは、小型ファンで外気を取り込み、汗を外に逃がす服のこと。作業現場でも活躍するため、昔から扱っていた。しかし、ファンやバッテリーは自社開発できないため、ワークマンをもってしても一式税込みで1万4000円、1万5000円という価格水準になっている。「高いから宣伝すれば、一番費用対効果がいい。でも、だからといってCMなんて流したら、イメージが悪くなる。税込み980円、1900円、2900円のスリープライスが中心で、せっかくいいイメージができているのに、もうかるからといって1万円以上の商品をアピールしたら、マイナス効果が相当出る」（土屋氏）。

ワークマンと言えば、海外展開を一切しないことでも有名だ。「国内にまだまだ空白市場があるのに、海外に出る必要はない」と土屋氏は言う。「今どき、中国にリアルの店舗を持ってもしょうがない。北京の繁華街にアンテナショップをつくるぐらいなら、沖縄や大阪のミナミ、福岡など、外国人客が多い場所に店を出して待ち構える。日本を気に入った、日本びいきの人だけ買えばいい。日本を知らない人は買わなくていい」。

そう言い切るのには理由がある。「一度訪日したら、日本のソフトパワーはすごいから、だいたいの外国人はいいイメージを持つ。その日本でユニクロよりも店舗が多いのがワークマンだと知ったら、それは（ワークマンの商品を）買いますよ」（土屋氏）。

海外展開で一つだけあり得るとすれば、「中国の会社に委託し、うちの社員を1人も使わず、中国でネット販売する」（土屋氏）こと。ワークマンは中国の江蘇省に商品倉庫を持っているため、日本に〝輸出〟せず、現地でそのまま商品を流通させれば、手間もコストも省ける。ただ、あくまでも奥の手としてのオプションにすぎない。

④ステークホルダーは長期固定「親友を裏切らない」

人間関係を大切にする姿勢も、昔から変わらない。特に国内メーカーとは30年以上にわたって取引を続け、加盟店のオーナーは99％が再契約し、半数は子供に引き継いでいる。

土屋氏は、ワークマンのフランチャイズが大手コンビニチェーンと最も違う点は、ロイヤルティー（経営指導料）が一定である点にあると説く（235ページ）。つまり、店の売り上げが伸びるほど、収入も伸びる。しかし、コンビニは店舗の売り上げが一定水準を超えると、ロイヤルティーの率が上がり、本部の取り分が増える。「あれ、絶対おかしいと思うんですよ。人が努力したのに、どうして余計にもうけるのか。単純比例が一番いい。

最後の10％（の売り上げアップ）なんていうのは、本当に歯を食いしばってやりますから。加盟店が余計に取るなら分かるが、本部が余計に取るなんて、けしからんと思う。最後の頑張りは気力。それをやっていただいているのに、取り分が減るなんてこれは言語道断だと思いますね。報奨金という形でもいいから割り増しして払うべきだ」（土屋氏）。加盟店を身内のように大事にするからこそ、元気なうちはワークマンを続けたいというオーナーが多いのだ。業績が上がれば賃上げを約束することで、社員も長く定着するようになった。

そして、たとえワークマンプラスがヒットしても、職人客の期待は裏切らない。

「ワークマンのように値札を見ないで買える店って、今や少ないですから。消費税率が5％から8％に上がったとき、開店までに値札の変更が間に合わなくて謝ろうと思って店に行ったら、誰も気づいていなかった。それだけワークマンを信頼してくれている。親友は裏切れない。1個でも高いものを売っちゃいけない」。土屋氏は自分にそう言い聞かせ続けている。

変えるべきところは大胆に変える。しかし、変えなくてもいいことまで変える必要はない。故《ふる》きを温《たず》ねて新しきを知る、という。商社からやってきた1人の男は、ワークマンのいいところを引き出し、眠っていた潜在能力を見事に解き放った。

第9章

アフターコロナの小売りの未来

新型コロナは何を変えたのか

２０２０年5月25日。安倍晋三首相は、1カ月半に及んだ緊急事態宣言を全面解除すると表明した。この先、我々に求められているのは、新型コロナウイルスとの共生を前提とした「新しい生活様式」。未知なるウイルスの脅威は、消えたわけではない。世界との往来は依然として、途絶えたまま。時計の針が元通りに動き出し、たとえ日常を取り戻したとしても、今までとは異なる「新しい世界」が訪れる。経営者にとっては難しい判断が迫られるだろう。ワークマンの土屋哲雄氏は、今回の出来事を、どう見守っていたのか。

「新型コロナは『自粛』というキーワードで自主的に、そして長期的に、ライフスタイルを変えた未曾有の経験だった」

「不要不急の仕事をしない勇気を持とう」

長期間の在宅勤務、巣ごもり生活は、一人ひとりの価値観を変えた。それは、ワークマンも同じだ。新型コロナの感染拡大を受け、ワークマンが全社員に発信したのは、「不要不急の仕事をしない勇気を持とう」というメッセージだった。

土屋氏は緊急事態宣言が発令される前から「会社にはもう行かないから」と宣言した。実際、そこから1分たりとも、会社に足を運ばなかった。在宅勤務で気づいたのは、業務遂行に必要な指示は、電話かメールで十分だということ。「会社にいたらダラダラとした話になるけど、電話だと用件だけで済む。ほとんどは電話で済んでしまった」（土屋氏）。

途中から、米マイクロソフトのビジネスチャットツール「Teams（チームズ）」を導入し、顔を見ながら会話できるようにもなった。今や、リモートでほとんどの仕事が完結する。「もう、かなりできちゃっていますよね」と土屋氏は語る。

ワークマンは、加盟店の店舗運営指導に当たるSV（スーパーバイザー）を全国に配置している。これまでは月に何度も東京本部にSVを集め、会議を開いていた。しかし、新型コロナ後は、ビデオ会議に移行。交通費も時間も節約できるようになった。「今のところ全く不便はない。むしろ、東京に来ると逆に危ないから、これでいい」(土屋氏)。

困ったことといえば、通信回線が重いこと。ワークマンはデータ経営を徹底しているため、日々、膨大な販売データをダウンロードする必要がある。そこにリモート会議が重なると、通信容量がひっ迫してしまった。そこで社員番号を奇数と偶数に分け、接続できる時間を分けることで対応した。

東京・上野に2カ所、群馬県に2カ所ある計4カ所のオフィスは行き来を禁じた。「混ざると、皆コロナにやられちゃいますから。優先順位を決め、孤立政策を進めた」と土屋氏は語る。混ぜるな危険とばかりに、極力社員同士の接触を省いた。絶対に感染者を出してはいけない最重要部署に定めたのが、商品配送を担うロジスティクス部。ここが止まると、店舗に商品が届かず、営業できなくなる。だから「ロジ部は完全に隔離した。その次が経理。経理が止まっちゃうと、支払いができないから」(土屋氏)。

唯一、PB(プライベートブランド)の開発を担う商品部の社員は、工場から届いた新商品のサンプルを確認するため、チームごとに分散して、週に1回だけ出社することを認めた。「センスも問われるし、やっぱり商品部は、仲間同士で打ち合わせしないと。でも、

	コロナ前	コロナ後
生活志向	アーバンライフ(高密度)	郊外/田舎暮らし、アウトドア(低密度)
価値	仕事、人脈、頑張る	健康、家族、リラックス*
余暇	都心志向、美食、飲む	郊外志向、運動、散歩、ジョギング、キャンプ、サイクリング
レジャー	同僚や友人と飲食、都心で買い物	家族でアウトドアライフ、郊外店で買い物
時間	時間に追われる(会社に行く)	在宅勤務、直行直帰で余裕(会社へ行かない)
情報	人からの情報、TV、全国情報	ネット情報、動画、地域情報
交流	広く浅く	狭く深く
経済	インフレ傾向	デフレ傾向
所得	好景気で所得増加	製造・サービス・飲食業の落ち込みで所得減少
買い物	リアル店舗主体	ネット購入が強まる、Click&Collectで買い物時間短縮へ
消費	ハレの消費、他人を意識	等身大の消費、自分らしさ
衣料	外出着、見栄え(他人の目を意識)	ホームウエア、アクティブウエア、着心地(自分が大切)
店舗	都心店、大型店、モール店	郊外店、路面店(屋内施設内を避ける)、低密度店**

*下線はワークマンにとって相当有利になるトレンド
**ワークマンの来客数は100坪で平均145人/日で「低密度」(コンビニは40坪弱で1000人/日)

土屋氏がまとめたコロナ前後の社会の変化。差異を強調した極端な比較のため「実際はその中間ぐらいに収まるのではないか」と予測する

それも1週間に1回行けば大丈夫だった」(土屋氏)。

本社に集まって「密集」しなくてもほとんどの仕事は回る。浮き彫りになったのは、これまで、いかに不要不急の仕事をしてきたか、ということだった。

「打ち合わせは、ビデオ会議で済む。むしろ、移動時間がなくなったことで、考える時間が増えた。私なんか、電車にも乗っていないから、もう暇で、暇で。1日4時間ぐらい集中すれば、その日の仕事が片づいてしまう。やっぱり、ワークスタイルは変わるんじゃないですかね」(土屋氏)

既に「第2波到来」に備えた手は打っ

ている。「もう1回コロナが来てもいいように、秋からフレックス勤務を始める。通信回線を強化する。あとは稟議《りんぎ》制度を電子化する。社長が判を押すのを、7割減にする。そういう改革をやっていく」と土屋氏は明言した。

外出自粛の「記憶」は時間と共に薄れていくかもしれない。しかし、自粛「体験」が一過性で終わるのかというと、そうは思わないという。「特に日本は自主規制だったから、意外と尾を引くんじゃないですかね。強制されると、すぐ終わっちゃいますけど」（土屋氏）。

新型コロナをめぐっては多くの先進国がロックダウン（都市封鎖）に踏み切り、強制的に外出を禁じた。一方で、日本はあくまでも自主規制にとどめた。土屋氏はここがポイントで、自粛緩和後も、ライフスタイルは完全に以前には戻らないと考える。

「ハレの消費」から「等身大の消費」へ

土屋氏はさまざまなキーワードで、コロナ前とコロナ後の社会の変化を予測した。それをまとめたのが、前ページの図である。

「『人との接触8割減』で外出を控えた結果、家族との時間が増えた。家庭には寝に帰るだけだった人も、今では家庭が中心になっている。グローバルな交流から、国内、地域、家庭で完結した生活になる」と土屋氏は読む。

例えば、ライフスタイルは、高密度の「アーバンライフ」から、低密度な「スローライフ」へ。余暇の過ごし方も「都心でショッピングや美食を楽しむ」よりも、「郊外で運動、散歩、ジョギング、キャンプ、サイクリング」に流れる。そう分析するのは、新型コロナにより、密閉、密集、密接という「3密」行動が危険であると、本能レベルで刷り込まれてしまったからだ。

「ハレの日に山手線側に向かうか、郊外に向かうか。人混みを避けるというのが刷り込まれると、郊外型になるんじゃないかという気がする。都心のミシュラン星付きのレストランにランチに行っていたのが、バーベキューでいいとかですね。バーベキューって、おいしくないですからね。決してグルメではない。でも、子や孫と一緒に遊ぶなど、家族と楽しく過ごすにはとてもいい時間」(土屋氏)

買い物は「リアル店舗主体」から「ネットでの購入」へますますシフトする。その一方で、買い物時間を短縮するために、近隣の店舗で欲しい商品を取り置きしてもらう店舗受け取り(クリック&コレクト)が増えるかもしれない。リアル店舗は選別が始まる。「都心店、大型店、モール店」から「郊外店、路面店、低密度店」に流れる。「着飾ってデパートに、ショッピングモールに出かけるのではなく、普段着で気軽に近くの路面店に行って家族との時間を増やす。どうもそういうふうになりそうな気がしている」（土屋氏）。

仕事の価値観も変わる。満員電車で通勤し、終電間際まであくせく働くよりも、在宅勤務で成果を出すほうがいい。交流は「広く浅く」から「狭く深く」へ。人脈づくりに奔走するよりも、自宅でリラックスして過ごす人が増える。情報も「テレビから流れる中央集権的な全国ニュースより、ネットを通じたご当地情報が重宝される。私も最近、家の周りを散歩するから、地域のことをずいぶんと気にかけるようになった」（土屋氏）。

経済は「インフレ傾向」から「デフレ傾向」へ。製造、サービス、飲食業の落ち込みがこのまま続けば、所得は減少傾向になる。消費は「ハレの消費」から「等身大の消費」へ。「家庭回帰、地域回帰になるので、もう、他人の目は気にしない。自分らしくでいい。見栄えよりも、着心地を重視する時代が来る」（土屋氏）。

アフターコロナは、ワークマンにとって追い風か

景気が後退し、デフレ傾向が鮮明になれば、ワークマンにとって強烈な追い風になる。「高いものは買わなくなり、コスパがいいものに走る」（土屋氏）と考えるからだ。低価格かつ高機能の商品を量産する「機能と価格に新基準」というスローガンが生きてくる。

ワークマンが伸びるシナリオは、いくつもある。まず、3密回避の行動が習慣化し、都心の人混みや屋内を避ける「アウトドア志向」が進めば、「ワークマンプラス」以降、強化してきたアウトドアウエアにスポットライトが当たる。密閉空間ではないとしてキャンプ人気が再燃すれば、綿100％で燃えにくいコットンパーカーなどに商機が広がる。

「家庭志向」で家族そろっての外出が増えれば、「親子ペアルック」に参入するつもりだ。実際に新型コロナの前から、ワークマンを訪れる家族連れは増えている。「Sだけでなく、2S、3Sまでやる。キャンプやアウトドアで着られるペアルックを大人用は税込み1900円で、子供用は980円とその半額でつくる」（土屋氏）。これもデフレ経済を見据えた一手だ。

新たな仕事が台頭すれば、新たなワークウエア需要が生まれる。その間隙を埋めるのは、作業服専門店であるワークマンを置いて他にない。例えば、新型コロナ以降、就業人口が急増したのは、デリバリー代行サービス。雨をはじくワークマンのレインスーツは、まさにキラーコンテンツになる。「レインスーツなんて、うちの超得意技ですから。一番、数を売っている会社なので。レインスーツの種類を増やせば、もっと売れる」（土屋氏）。

そもそも、コロナ後は、3密条件が整った大型ショッピングモールよりも、ロードサイドの路面店を選ぶ人が増える可能性がある。実際に緊急事態宣言中も、ワークマンが強さを発揮したのは、路面店が多かったからだ（216ページ）。ワークマンの来店客数は、100坪（330平方メートル）の標準店舗で1日平均145人。40坪（132平方メートル）弱の売り場に1日約1000人がひっきりなしに訪れるコンビニエンスストアよりも圧倒的に「低密度」だ。

「だからトレンドを見ると、うちにとって伸びる要素はあっても、マイナス要素はほとんどない。なにか死角がないかと思って、ずいぶん考えているが、もともとワークマンは、デフレや不景気のときのほうが相対的によかった。むしろインフレ基調になったときに転換ができなかった。高成長が下手で、逆にデフレだとうまくいくんですよ」（土屋氏）

「V字回復」か「U字回復」か

土屋氏が考える日本経済復活のシナリオは2パターンある。「V字回復型」か「U字回復型」だ。V字は短期間で急激に、U字はゆるやかに経済が回復していく。そして回復までに時間がかかればかかるほど、ライフスタイルの変化はより大きくなる。

20年5月22日、野村証券は「2020~21年度の経済見通し」と題して「L字回復型」という第3のシナリオを提示した。経済が長期低迷したまま、なかなか復調しないという見立てだ。しかし、土屋氏は懐疑的だ。「コロナショックが、リーマンショックと大きく異なるのは、金融危機ではないこと。金融機関が不良債権をいっぱい抱えているわけではないので、健全といえば健全。今のところ金融機関のバランスシートは傷んでいないし、お金は余っている。大手企業にも内部留保がある。時間はかかっても、経済は必ず回復する」。

今のところ、ワークマンは「U字回復型」を前提に準備を進めている。ただ、どのシナリオが訪れたとしても、ワークマンには、ほとんど影響がないという。「V字回復なら、今のままのやり方で好調をそのまま持続できる。U字回復なら、少し警戒していろんな手を打つ必要があるが、やるべきことは変わらない。これまで通り、低価格、高機能化を進め、値札を見なくても買える、価値ある商品を生産するだけだと思っている」（土屋氏）。

小売りの未来へ3つの提言

ワークマンの土屋哲雄氏は、アフターコロナの世界でも、日本の小売りが力強く成長していくためには、3つの内容を満たす必要があると提言する。

①同質経営（Me Too）でない独自のポジションを押さえる

新型コロナウイルスは、老舗企業をも容赦なくのみ込んだ。しかし、経営が立ち行かなかった企業には共通点があるという。立ち位置が定まっていないのだ。「日本の経営は、Me Too（ミートゥー）なんですよ。同質経営、同質競争が多すぎる。特にアパレルはみんな一緒。同じ価格帯で、同じようなデザインで、同じようなターゲットでと、同じところに固まりすぎている。経済成長してパイが広がっていればまだいいが、今度のコロナでパイが狭まる可能性もある。同業者と同じことをやっていては勝てない」。

独自のポジションを確立することで、成功したのはユニクロやニトリだ、と土屋氏は言う。「ユニクロはベーシックを追求し、アパレルのど真ん中をとって日常に入り込んだ。ニトリもあの価格帯を押さえたので、競合がない。この2社は本当に素晴らしいですよ」。

ワークマンプラスもまさにポジショニングの妙で成功した。もともとワークマンは作業服業界では向かうところ敵なしだった。米国の経済学者マイケル・ポーター氏が唱えた「5Forces（ファイブフォース）」という5つの条件をすべて満たす圧倒的な競争力があった。だからこそ「ワーク（作業服）をアウトドアにリポジションし、同じものを売る」という作戦に出た。しかし、作業服では売りになった低価格も、アパレルでは通用しない。ファストファッションの巨人、ユニクロがいるからだ。そこで、作業服という出自を生かし、機能性という軸を1本加えた。低価格かつ高機能のアパレルは、ライバル不在の独壇場。独自のポジションを押さえたからこそ、記録的なヒットに結びついた。

アフターコロナの世界は、独自のポジショニングがこれまで以上に重要になる。市場が冷え込めば、Me Tooの商品はますます選ばれなくなるからだ。だからこそ「ひと目見てワークマンだと分かるような商品をつくりたいんですよ」と土屋氏は力説する。

実際に、ユニクロとワークマンの商品には明確な違いがあるという。「ユニクロはベーシックで、流行に左右されない。うちはド派手なデザインも結構ある。ユニクロのジャンパーは薄いけど、うちのは厚い。綿の量が違う。値段も3分の2に抑えている。だから、ユニクロとうちは、同じマーケットにいない。最近はユニクロもスポーツやアウトドアを出してきたが、脅威になっているかというと全く意識していない。ユニクロやジーユーの隣に店を出しても大丈夫だと思う。むしろ相乗効果があるんじゃないですかね」（土屋氏）。

頭打ちになったら、二の矢、三の矢を放てばいい

このところ、ワークマンの株価は、再び上昇気流を描き始めた。緊急事態宣言の解除に伴い、冷え込んだ消費の受け皿になると市場が判断しているからだ。「あまりに株価が高いのは個人的に嫌ですけど。だって、ずっと3割成長なんか続くわけがない。どこかで巡航速度に落ちますからね。そのときに、いろいろ言われても嫌なので」（土屋氏）。

しかし、ワークマンは「第2、第3のワークマンプラス」を隠し持っている（199ペ

ージ）。成長が頭打ちになれば、二の矢、三の矢として果敢に投入していくつもりだ。

「アウトドアが天井を迎えたら迎えたで次がある。私的に言うと、そっちのほうが楽しいですから。ワークマンシューズをやるとか、ワークマンレインをやるとかですね。ゼロからやったら、また面白いですから」（土屋氏）

やり方はワークマンプラスと全く同じだ。「ショッピングモールや駅ビルに店を出し、知名度を高めてから路面店で販促する。商品は特別、新たに開発しない。今ある商品を抜き出すだけでいい。その代わり、店のコンセプト、ストーリーをちゃんとつくる。そしてネットで拡散してくれるアンバサダーを味方につけ、あとは広報展開でうまくやる」（土屋氏）。

ワークマンプラスの出店に際し、土屋氏は空白市場を4000億円と見積もった。しかし、二の矢、三の矢があるとすれば、ワークマンがカバーする空白市場はさらに広がる。そのときに成否を分けるのもポジショニングだ。「この前、発売した1900円（税込み・以下同）の弾む靴（116ページ）なんて、他にないですからね。靴一つとっても、登山用やランニング用、とにかくただただ可愛いデザインの靴など、いろいろ開発できる。そして価格ではABCマートさんの下をくぐる」（土屋氏）。

夏物で最高1900円、冬物のブーツでも2900円以内で商品をそろえ、やはり低価格と機能性を武器に市場を席巻する。ワークマンの下を行く価格で、機能性シューズを開発できる企業は、そうそういない。だからこそ、この戦略が最大の差別化ポイントになる。

経営陣は、口出ししないほうがいい

ワークマンには「ビッグ4」と呼ばれるヒットメーカーが4人いるという。「今、5人目が育ちつつあって、6人目も候補がいる。これから7人目、8人目と輩出していく」。商品開発は、経営陣が口を出さないに限ると土屋氏は説く。

「勝手につくらせちゃえばいいんです。何をつくってもいい。生産するまで見せなくていい。もちろん、商品によって売れる、売れない、勝ち組、負け組は出てくる。でも、これはもうポートフォリオだから、全体で在庫が売り上げの何%までと管理すればいい。個人を非難することはしないし、してもしょうがないですから」

実際に「何をつくってもいい」と縛りをなくしたら、社員の士気は格段に上がった。「商品部はもう張り切っている。スポーツ系とレイン系と靴系で、みんなで争っていますよね。

それはそれでいいライバル関係なので。ただ、うちはノルマがあってやっているわけでは全くない。残業するぐらいだったら、つくらなくていい。来年、再来年でいい」(土屋氏)。

やりたいアイデアは尽きないが、土屋氏は全く急いではいない。

「個人的には靴でガンガン勝負したい思いはあるが、社員が疲弊するまでやることはない。もうけることが目的かというと、そうではない。無理をせずに収入がどんどん入ってくるほうが加盟店にとってもいい。社員だって3割成長をずっと続けて走り回るのが、本当にいいのかどうか。巡航速度に戻して、安定的に20年、30年と10%、15%成長を続けるのが、一番いいのかなと思っている」

ワークマンを訪れたことがない人は、まだまだ多い。その意味では、ユニクロ、ニトリ以上に伸びしろはある。「ワークマンには今、期待が大きいわけですよ。期待に沿えないと、ブランド価値が下がってしまう。だからこの2年間、走り続けたのもよかったとは思っている。ただ、私の人事の考え方からすると、ちょっと走りすぎた。どうせ敵がいない業界で、なぜ毎年3割成長を続けなきゃいかんのだ、と。別にそんなにがつがつやらなくてもいいよと、私は絶えず言っていたけど、やっぱりずっと安定成長してきた会社だから、天井がなくなって伸びたら、すごく飛躍感が出たんですね」(土屋氏)。

ワークマンは2025年、1000店舗体制を目標に掲げてきた。しかし、足元の店舗数は早くも900店舗に近づこうとしている。土屋氏は、第2、第3のワークマンプラスまで含めれば、1500～2000店舗は出せるポテンシャルはあると読む。

「例えば、ワーク（作業服）と靴、ワークとアウトドア、ワークと女性、ワークとスポーツといった形でフォーマットの違う店を出していく」

新型コロナの影響で有力テナントの退店が進めば、ワークマンにも都心エリアで出店するチャンスが巡ってくる。「コロナで以前より、家賃は下がるかもしれない。だから、一挙に店を出すこともあり得る。都心なら駅近で、クルマで来ないお客様を狙う。駐車場をゼロにして、思いっきり作業服を減らす。作業服は郊外のワークマンで買ってもらうとやると、50坪（165平方メートル）でも店はつくれる」（土屋氏）。

②時代の変化を先取りする

新型コロナは、否応なく我々のライフスタイルに変化を迫った。だからこそ、これからはこれまで以上に変化に対応していく勇気が必要だ。「時代はそんなに見えないが、勘でもこう動くんじゃないか」と予測を立てるのが土屋氏のやり方だ。実は、ワークマンプラスという新業態を開発したのは、モノ消費からコト消費への流れが急速に押し寄せていると感じたからだ。

「コト（体験）にお金をかけるには、買うモノを安くしなきゃいけない。可処分所得は一緒だから、コト消費が進めば、それだけモノへの消費は減る。だから、デザイン的に見栄えがして、コスパがいいものをつくって、じっくり待っていればいい。それで時代を先取りできると思ったんですよ」

そして新型コロナにより、モノ消費からコト消費への流れはさらに加速する、と見立てる。今、土屋氏が最重点で取り組んでいるのが「アンバサダーマーケティング」だ（141ページ）。ワークマンの商品を愛用するブロガーやユーチューバー、インスタグラマーを巻き込んで商品を開発し、情報発信を強化する。「世の中は飽和しているから、別に買わなくても生きていける。単にいい商品を安く出して店をつくっても、誰も入ってくれない。人はなにかしら騒がれていたり、盛り上がっていたりしないと、店に行こうとはならない。だから、アンバサダーマーケティングでナンバーワンになりたいんですよ」（土屋氏）。

③愚直に方針を徹底する

ワークマンが作業服専門店として安定成長を続けられたのは、何十年もの間、愚直に作業服の世界を深掘りし続けたからだ。「やっぱり愚直っていうのがいい。愚直な会社っていうのは素晴らしい。だから中途半端ではなく、Amazonに絶対負けない仕組みをつくって、愚直に突き進もうと思った。我々はクリック&コレクト（店舗受け取り）が本命だと思っているので、ずっと信じてやり続ける。869店舗（20年5月末時点）だと大したインパクトはないが、店舗が増えてきたら、なんとなくつじつまが合ってくる。あと10年して2000店舗になったら、また変わってくる。3000店舗になったらもっと変わる」（土屋氏）。10年後、20年後、ワークマンはどんな企業になっているのか。ひょっとしたら、ユニクロやニトリも一目置く、とんでもないメガブランドに化けているかもしれない。

あとがき

『お前はまだグンマを知らない』（井田ヒロト著・新潮社）というコミックがある。その群馬から全国チェーンへとのし上がったのが、作業服専門店のワークマンだ。実は今回、300ページ近い単行本を書き下ろしておきながら、私は、つい2年前まで、ワークマンの店に足を運んだことすらなかった。北陸は金沢で育ち、関西で思春期を過ごした身として、関東を中心に流れていた吉幾三さんのテレビCMを、リアルタイムで拝見する機会は、ついぞなかった。ワークマンという名前はかろうじて知ってはいたが、それは上場企業だったから。まさに「お前はまだワークマンを知らない」という状態から取材が始まった。

北陸の地方紙から、縁あって「日経トレンディ」という歴史ある雑誌に拾っていただけたのが、2017年2月のこと。慣れないレイアウトに悪戦苦闘して1年半が過ぎたころ、看板企画「ヒット予測ランキング」を初めて任された。編集部員が、来年はこれがはやると思う一押しトピックを持ち寄る。そのとき、先輩の編集記者が、「ワークマンプラス」という新業態がかなり有望だと力説した。これが、ワークマンとの初めての出合いだった。

19年春、姉妹媒体の「日経クロストレンド」から、ウェブファーストでワークマンの特集記事を書いてみないかと、アサインされた。土屋哲雄専務（当時は常務）とは、このとき、初めてお会いした。フランクで物腰は柔らかながら、発する言葉の一つ一つが力強く、面白く、含蓄があり、しかも的を射ている。時代を読む力、発想力、どれも規格外に秀でていた。そこから1年以上、ワークマンの動向を緩く追いかける日々が始まった。

取材を重ねるうちに、ワークマンプラスがブレイクしたのは、私のように「ワークマンを知らなかった人」が、初めてワークマンという存在を発見したからだと思うようになった。その発見の過程を本にしたい。それが、出版のきっかけだった。突破口が開いたのは20年3月の中旬。「ワークマンものがたり」という、古い社史が発掘された。一読すると、ワークマンプラスが生まれるまでと全く同じようなストーリーが、創業当時から展開されていた。それなら、この物語の続きを書こうと筆を執った。

ビジネス書としては極めて異色な構成だが、この本には社長のインタビューがない。土屋専務という商社から来た改革者を主人公にし、周りの社員の方々に話を聞いていった。「ワークマンはなぜ2倍売れたのか」という、ハウツー本のようなタイトルを掲げながら、中身は、あえて短編小説の集合体にした。そのほうが、ワークマンの面白さ、個性が際立つと思ったからだ。目次を見て、興味が湧いた1節だけでも読んでいただけたら。ビジネス書がこれだけ巷《ちまた》にあふれる時代に、10分だけでもお時間を取ってもらえたら。そんな思いで、ストーリーを組み立てた。ただ、短編小説とは言っても、全体を通して読むと、ストーリーはつながっていて、全編を読むと、ワークマンという企業の本質、強さがかなり立体的に浮かび上がってくるように、章を積み上げていった。

実は、この本は、新型コロナウイルスによる緊急事態宣言が発令されてから本格的に制作を始めた。「ステイホーム週間」も後半戦に突入した20年5月2日から、まずは3日間かけて全体の見取り図を考え、5月5日から本腰を入れて書き始めた。本文を脱稿したのは5月26日の早朝。書いた原稿は数時間後、翌日、翌々日と時間を置いて何度も頭から読み返し、てにをは、句読点レベルで細かな修正を加えていった。ある章の文章を、別の章に移植したり、同じ章でも前半と後半を入れ替えたりと大手術も重ねた。重視したのは、文章としてのリズム感とノンフィクション作品として面白いかどうか、そして何よりも、ワークマンという企業に1人でも多くの方が、興味を持ってくれるかどうか。推敲《すいこう》を重ねるうちに当初、思い描いた通りの内容にだんだんと近づいていった。

最後に、数多のご縁が奇跡的につながらなければ、この本を出版することはできなかった。特に「日経トレンディ」に在籍していなければ、ワークマンとは出合わずじまいだったかもしれない。30歳を過ぎ、右も左も分からず東京に出てきて、無職期間も4カ月になろうとしていた私を温かく迎えてくださった編集部の方々、そしてこの緊急事態宣言下でも、あらゆる手を尽くして取材に協力してくださった土屋専務をはじめワークマンの皆様には、感謝してもしきれない。そして日夜、部屋にこもり、難しい顔をしながら、ライティングマシーンのごとくキーボードをたたき続けた私に、そっとコーヒーを淹れてくれた妻・一恵がいなければ、おそらく最後まで、この物語を書き上げることはできなかった。

この本はあくまでも、20年6月時点のワークマンの姿をまとめたにすぎない。本文で描写した大胆かつ壮大な構想が、これから先、どんどん世の中に出て花開いていく。ワークマンは、まだまだ進化していくのだ。だから数年後にこの本を読み返したとき、私はまた、こう思うかもしれない。

「お前はまだワークマンを知らない」と。

酒井大輔

著者略歴

酒井大輔

1986年石川県生まれ。京都大学法学部卒業後、金沢で新聞記者に。北陸新幹線担当として経済部、社会部で開業報道を担う。2017年2月、日経BPに入社。日経トレンディ編集部に加わり、五輪連載「Road to 2020」を担当。18年8月から日経クロストレンド兼日経トレンディ記者。20年6月から日経クロストレンド記者。再開発・商業施設・ホテル・新業態店からヒット商品、スタートアップ、経営者インタビューまで。街が変わる、世の中を変える試みの背景を、物語まで描き出す一本入魂スタイルで執筆を重ねる。

日経クロストレンド（https://xtrend.nikkei.com/）は「新市場を創る人のデジタル戦略メディア」をコンセプトに、市場創造、商品開発、マーケティング戦略などの先端動向を伝えるデジタル・メディアです。

ワークマンは
商品を変えずに売り方を変えただけで
なぜ2倍売れたのか

2020年6月29日　第1版第1刷発行
2020年8月4日　第1版第4刷発行

著　者　酒井大輔（日経クロストレンド記者）
発行者　杉本昭彦
発　行　日経BP
発　売　日経BPマーケティング
〒105-8308　東京都港区虎ノ門4-3-12
URL　https://www.nikkeibp.co.jp/books/
装　丁　小口翔平（tobufune）
制　作　關根和彦（QuomodoDESIGN）
印刷・製本　大日本印刷株式会社

JASRAC 出 2005728-004

ISBN 978-4-296-10672-1
Printed in Japan